バラの世界

大場秀章

講談社学術文庫

ローザ・アルバ・フォリアケア　*Rosa alba foliacea*
（P＝J・ルドゥーテの『バラ図譜』より）

ローザ・インディカ・ステリゲラ　*Rosa Indica Stelligera*
（P＝J・ルドゥーテの『バラ図譜』より）

まえがき

本書を手にされた方の多くはバラのある生活を望んだことがあるか、それを思い描いているのではないか。ヨーロッパでもアメリカ合衆国でもそうした願望は大きい。その願望を満たすための庭園設計が競われ、その庭を埋め尽くすにちがいないあまたのバラの園芸品種が毎年多数作出されている。そこまで熱狂的ではなくとも、バラは多くの人に愛好されており、私たちにとって最も身近な花でもある。

ひとくちにバラといっても実に多種多様である。今日バラ園で植栽されているバラや切り花として用いられるバラの多くはそのいずれもが自然界には存在しなかった。天然の遺伝子資源から人間が作り出した典型的な園芸植物である。バラには今日にいたるまでの長い歴史があり、作出にまつわる山ほどのエピソードがある。

ところで、私たちの暮らしは衣食住から医薬にいたるまで、実にさまざまな植物に依存している。生活に欠かせない植物は文化の発展とともに増加する。なぜなら植物を観賞するという新たな営みが生活に加わり、それにともない実におびただしい数の植物が生活に取り込まれるからである。利用に供する植物の数で文化のレベルを推察できるといってもよい。

コウシンバラ

ノイバラ

観賞の対象とする植物をここでは園芸植物と呼ぶことにする。最初は自然に存在した野生植物の中から観賞に値する植物が探し求められたが、いまでは遺伝子そのものを操作するような技術も園芸植物の作出に利用されている。その間にいくつかの段階があったが、バラの園芸化の歴史はその全段階を辿って今日にいたっている。バラだけではない。ランを筆頭に、ツツジ、ツバキ、アジサイ、ユリなど国際的に認められている園芸植物はいずれもこうした過程を経てきている。なかでもバラはヨーロッパで古くから栽培されてきた。その長い栽培の歴史のある時点にコウシンバラやノイバラなどのアジアのバラが導入され、おりよく登場した人工交配技術などがアジアのバラを片親とした交配や改良に駆使された。

この段階でバラは一大飛躍をとげた。バラに見るように、改良を含めた広い意味での育種技術の進歩が園芸植物の発達に重要な意味をもつことは明白である。だが、育種技術だけが進歩すれば園芸化は促進されるのだろうか。バラの園芸化の歴史は単なる育種技術の発達だけでは説明がつかない。園芸化を促進するものは、バラという植物そのものと同時にバラに与えられたイメージでもある。植物の改良作出は育種技術によるが、どのようなバラを生み出すかは人間の側のバラに対するイメージによる。今日のバラの全盛を支えたのはバラという植物が遺伝的に多様であることと、主として帝政ローマの時代に遡及するバラという植物に対しての高貴なイメージであり、そのイメージへの現代人の憧れでもある。

どの花も見ようによっては美しい。美しいか美しくないかは美意識の問題であり、植物自体とは関係のないことなのである。新しい園芸品種の作出は先に述べたイメージやこうした美意識と密接にかかわる。ために園芸は単なる育種技術だけの問題ではないことは明らかなのだが、日本ではこのことがあまり理解されていない。人工的に植物を作出できるようになった当初はそれ自体が科学の成果として賞賛され、好奇の目をもってその植物は人々に受け入れられはしたが、次第に新しければ何でもよいものではなくなっていく。新しいだけでは人々の美意識を満足させるものにはならなくなったからである。

このように、園芸は一種の芸術工学ともいうべき性格をもつものなのである。これまでにも類書があるバラについて今回新たに本書を書くことを決心した背景には、バラの園芸化の歴史こそは科学と芸術との融合の歴史であり、そこに科学と芸術のひとつのあり方をみてとることができるのではないか、という期待があった。

本書はそのことも含め園芸バラの今日を知る手がかりとして、園芸化の歴史、その植物学、園芸化のための資源でもありかつてはそれ自体が観賞の対象ともなった野生のバラ、バラに与えられたイメージや願望などについて書いたものである。少しでも読者がいま以上にバラへの理解を深められる手がかりとなれば幸いである。

目次

バラの世界

薔薇はなぜという理由なしに咲いている。薔薇はただ
咲くべく咲いている。薔薇は自分自身を気にしない、
ひとが見ているかどうかも問題にしない。

『シレジウス瞑想詩集』（上巻　第1章二八九）
植田重雄、加藤智見訳、岩波文庫

第一章　クノッソス宮殿の謎

その歴史遺産もさることながら、風光明媚な多島の海、エーゲ海には魅せられることが多い。はるかかなたの日本からもたくさんの人々がやってくる。

そのエーゲ海の入り口ともいうべき位置に東西に横たわるクレタ島は、この海を支配する天然の要塞として、また地中海をはさんでギリシアと、さらには北アフリカの都市キレネやナイル川のデルタ地帯、イエルサレムなどとの交易の要所として古来、重要な位置を占めていた。

バラの誕生の物語の第一幕はこのクレタ島から始まる。題して「バラ学事始め」は、園芸バラの来歴を解明することに半生を賭けた男、チャールズ・ハースト（Charles C. Hurst, 1870–1947）がバラの曙光を見た、この島にかつてあったクノッソスの宮殿が舞台だ。

クノッソス宮殿はイギリスの考古学者アーサー・エヴァンズ卿（*Sir* Arthur John Evans, 1851–1941）によって発掘調査されたが、その調査でバラを描いたと考えられる絵が発見されたのである。それが本当にバラなら、世界中で現在までに発見されているバラの絵の中で最も古いことになる。この絵がバラかどうか、ハースト以後もたくさんのバラ学者がこの謎解きにかかわってきた。

クノッソス宮殿

クノッソスは、クレタ島の北側、すなわちエーゲ海側のほぼ中央を占めるヘラクレイオンから少し南西に下ったところにある。いまから四〇〇〇年近く前、ミノス王が支配していた時代、ここは重要な町だった。今日ミノア文明と呼ばれる文化が紀元前一六〇〇年から前一四五〇年の間、クノッソスを中心にクレタ島全域で栄えていた。しかし、紀元前一四〇〇年ごろにはクノッソス宮殿は破壊され、ミノア文明は完全に姿を消してしまう。

この有名な宮殿は紀元前二〇〇〇年から前一七〇〇年の間に建てられたと推定され、広さ約一四〇平方メートルほどの建物は、その壁面が見事なフレスコ画によって装飾されていた。

紀元前一四五〇年ごろに襲った激しい地震のために宮殿は破滅的な被害を受け、いったんはほとんど瓦礫の山と化してしまったが、その時は奇跡的にもただちに復興された。焼き打ちに遭い、完全に破壊されてしまったのは、それから一〇〇年も経たぬうちの出来事であった。

青い鳥

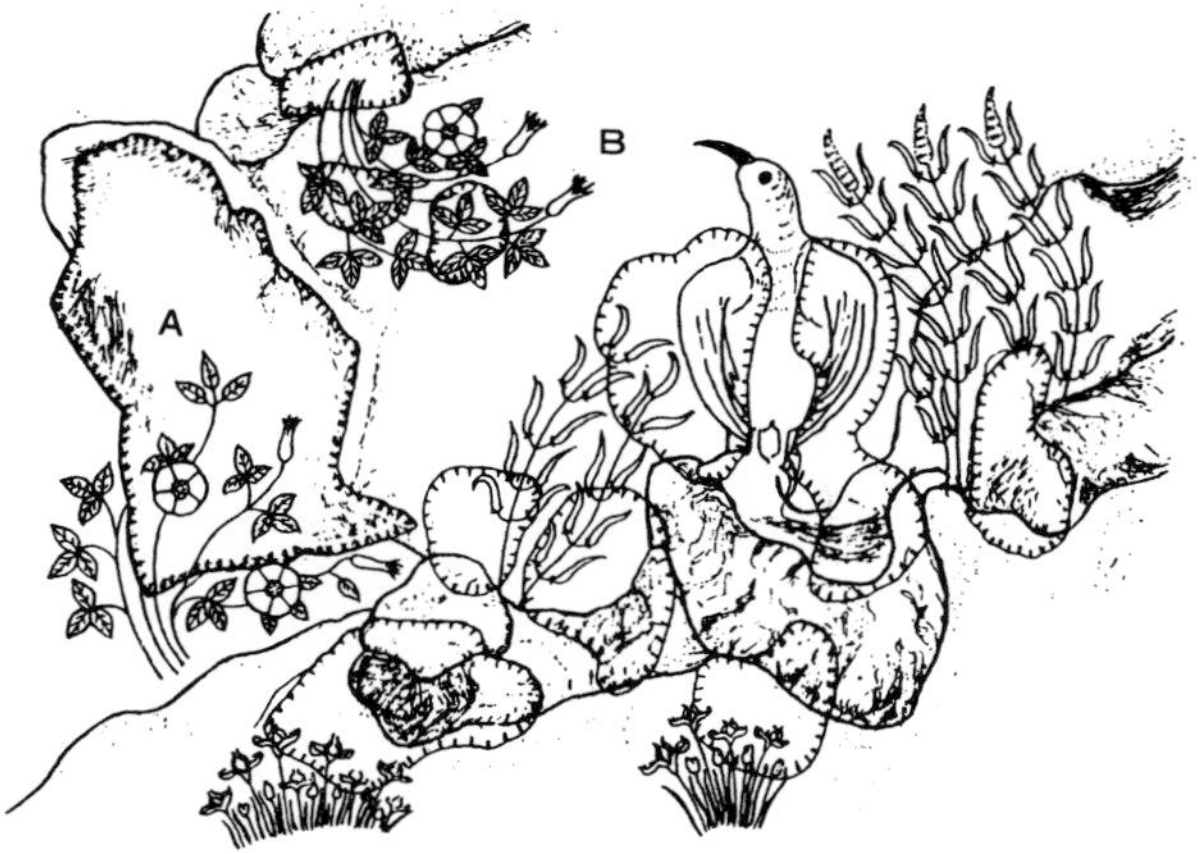

図1　クノッソス宮殿の青い鳥の描かれたフレスコ画

一八九八年から一九三六年にかけてエヴァンズ卿らによってクノッソス宮殿の発掘と部分的な復元が行われた。バラは、この発掘で発見された青い鳥を描いたフレスコ画に描き込まれた、いろいろな花の中にあった（図1）。バラ学にとって第一級の歴史資料ともいえるこのフレスコ画は、クノッソス宮殿の他の多くの発掘資料が収蔵されるイギリスのオックスフォード大学アッシュモレアン博物館（世界最初の公開を行った博物館といわれている）にはなく、現在ヘラクレイオン博物館に保管されている。

バラ学事始めにこのクノッソス宮殿のフレスコ画のバラをめぐる論争を辿ってみよう。発掘にたずさわったエヴァンズ卿は、『ミノスの宮殿』（*The Palace of*

Minos at Knossos）第二巻でこう書いている。

「岩からは野生のカラスノエンドウの仲間が生えている。（中略）草群に生えているのは矮《わい》性《せい》でオレンジ色の縁どりのある青い花をもつクレタ特産のアイリスのように見える。花色には変化があるらしく、ピンクの縁どりのある暗い緑紫色のものもある。左手には野生のバラと考えられる植物の一群の茂みが見られる。花は深紅色や白のバックグラウンドに描かれている。またある個体は小枝がねじれながらも直立しているのに、別の個体は頭上の石組みのアーチから垂れ下がっている。花は深紅の斑点のある黄金色のバラである。このフレスコ画を描いた画工はこのバラを五弁でなく六弁とした。葉は小葉の数が（実際よりは）減らされ、イチゴの葉を想わせるような、たった三つの小葉からなるように描かれている」

それはバラか、バラなら

それにしても、いまから四〇〇〇年近くも前に描かれたこの絵に、バラ学者や考古学者はなぜそんなに強い関心を示すのか？　その理由は、これがバラの絵とすれば、少なくともヨーロッパではこれが最古のバラの絵だからである。そして主に、(1)これがバラかどうか、(2)バラならどの種か、についてさまざまな角度から検討を重ねてきた。これがバラなら、黄金色の花と青みがかった葉から、ａローザ・ペルシカ（*Rosa persica*）、ｂ芸術的にモデファイされたローザ・ガリカ（*Rosa gallica*）、さらに後述のようにｃイヌバラ（*Rosa canina*）

かローザ・ドゥメトルム（*Rosa dumetorum*）、ｄローザ・リカルディ（*Rosa richardii*）という諸説が唱えられ、論争が繰り返されてきたのである。

　なぜそんなに論争する必要があるのか？　そのひとつは、それがもしクレタ島に自生しないバラならどこかからクノッソスに運ばれ、栽培されていた可能性も加わる。もし、それがペルシア地方だけに野生するローザ・ペルシカなら、この時代にはるかかなたのペルシア地方から、バラを運んでくるような交易が行われていたことにもなる。さらに、野生していない、人工的に作出されたバラであるなら、この時代すでにクレタでは栽培のために人為的なバラを作っていた、ということになる。

　いったいいつから、人類は生活に潤いをもたらす花を栽培するようになったのか？　それには定説はない。ヨーロッパでは現在に続くはっきりとした足跡は一四世紀にイタリアで起こったルネサンスに求めることができる、というのが私の見方である。もし、いまから四〇

a　ローザ・ペルシカ

b　ローザ・ガリカ

c　イヌバラ

d　ローザ・リカルディ

〇〇年近くも前のミノア文明が花を栽培していたとしたら、花の栽培の歴史は二五〇〇年以上もさかのぼることになる。

こうしたことが、バラと推定される絵が提起する問題の核心といえる。さて、かたちこそ異なるが、その青緑色の葉、何といっても黄金色の花色とブロッチ（目）という花弁基部が濃い色調になる性質はまさしくローザ・ペルシカのものである。アメリカのバラ学の大家、シェパード（R. E. Shepherd）もこれをローザ・ペルシカとするa説をとっている。

発掘にたずさわったエヴァンズ卿は、発掘したバラをアビシニア（エティオピア）やエジプトで発見され、学名が聖なるバラを意味するローザ・サンクタ（*Rosa sancta*）、すなわち、今日のローザ・リカルディとした。つまりd説である。もっともエヴァンズ卿はこのバラの正体を単独で決定したのではない。当時のイギリスでバラ学の第一人者といわれたチャールズ・ハーストに発掘されたバラの絵を見せ、その研究を委ねたのである。ローザ・サンクタと主張したのはむしろハーストの方であったと思う。

一九三三年にドイツの植物学者メビウス（M. Möbius）は問題の絵をバラとするエヴァンズ卿やハーストの解釈には賛意を示したが、そのバラはクレタに自生するイヌバラかローザ・ドゥメトルム（現在はイヌバラと同種と見なされている）に当たると推定した。すなわち、c説である。樹姿、刺《とげ》のあること、花のかたち、黄色の葯《やく》をもつ多数の雄しべ、特に花弁の先がのぞいているらしく見える蕾《つぼみ》などを彼は同定の根拠とした。

バラとする根拠

ところでエヴァンズ卿も述べているとおり、このフレスコ画に描かれたバラは二つある（図1）。チャールズ・ハーストの意見を取り入れたエヴァンズ卿やメビウスは、その両方とも同一のものと考えた。

ひとつは石組みのアーチから懸垂している個体B、他は地植えで直立した茎をもつ個体Aである。Bでは花はひとつだけだが、それは六つの花弁をもつように描かれている。Aは二花あり、ひとつは五弁、他は六弁である。

A、Bともに葉は互生《ごせい》し（五六ページ参照）、三つの小葉《しょうよう》からなる。バラの葉は単葉のローザ・ペルシカを除くと、五つまたはそれ以上の小葉に分かれる複葉《ふくよう》だから、三小葉性のバラがこの時代に存在したとは考えにくい。葉と花からこの植物がバラだとするのは、それ自体かなり勇気のいる推定だと思う。

誰もその意義を指摘していないが、この植物がバラだとする最大の根拠は円筒状の蕾にある。もしこの蕾が描かれていなかったら、これをバラとする推定の信憑性はずっと低いものになり、むしろ大部分の植物学者は正体不明の植物とみるにちがいない。

次に五弁と六弁の花が描かれている点である。バラのような双子葉植物の花は通常は五数性で、花弁は五つがふつうである。これに対してユリやランなどの単子葉は三数性で、ヤマユリでは花弁状となった萼片《がくへん》とあわせて、花は六弁になる。六弁のバラは、存在したとしても植物学的には奇形である。

この奇形性ゆえに、このバラが異種間の雑種に由来する個体だと推測することもできなくはない。別の種との間で交配が起き、その子孫ができた場合に、野生状態ではふつうにはみられぬ特異なかたちがしばしば発現するのは確かだ。後に述べるように園芸植物の作出では、この特異なかたちの発現を積極的に利用してきたのである。しかし、この場合、六弁であることだけで、これが雑種に由来すると推測するのは無謀に近い。第一にこれは絵である。五弁と六弁があるのはただ単に画家がいい加減にその花を描いただけだという可能性も無視できない。

ロナ・ハースト

かつてエヴァンズ卿に協力して種名決定に貢献したチャールズ・ハーストの夫人、ロナ・ハースト（Rona Hurst）にもここに登場願うことにしよう。夫人も著名な考古学者であり、またバラの愛好家としても名高い。

実は園芸バラの誕生の来歴を解くうえで最大の貢献をしたチャールズは、第一次世界大戦により将来が嘱望されていた遺伝学研究を途中で中止せざるを得なくなり、大戦後に行ったバラの研究も、第二次世界大戦で患った病気によって思うようには成果を発表することができずに一九四七年に亡くなった。ロナは夫の意図していた研究に深い理解を示しただけでなく、研究の継承と発展を期待して、残されたバラ関係の資料をすべてケンブリッジ大学へ寄贈した。

チャールズは第一次世界大戦後にトリニティ・カレッジで、バラ属についてははじめて染色体の研究を行った。これは、後にバラ学上の不滅の文献といわれるようになる「園芸バラの起源と進化に関する覚書」の基礎となる研究であった。この論文は一九四一年にイギリスの王立園芸協会誌上に発表され、園芸バラについての研究の水準を一気に飛躍させたのである。

話を戻すことにしよう。ロナは一九六四年にクレタ島を訪れ、その三年後に問題のバラについてのこれまでの研究に鋭い批判を加える論評を公にした。彼女は、紀元前一四五〇年ごろに起きた大地震は問題のフレスコ画をも破壊してしまったことに着目した。さらに、そのフレスコ画は、破壊後に芸術的天分や厳密さに欠ける画工が、破片を寄せ集めていい加減に復元したらしいことを明らかにした。しかも破片だけでは復元できなかった部分は、新たな追加がなされたことをもつきとめた。追加部分は、元のフレスコ画の破片に比べて、色彩は鮮やかであったが、図柄は一層単純化されていた。

ロナはこうした原資料そのものについての考古学的な考察を踏まえたうえで、問題のバラに言及したのである。

ロナによれば、その花は夫のチャールズが述べたような黄金色ではなく、淡いピンクだったという。このことを根拠にこのバラをピンクの花をもつ、ローザ・ガリカあるいはローザ・リカルディだろうと結論づけた。つまり、彼女はb説あるいはd説を採ったのである。

バラは単なる花

エジプトやアビシニアの聖なるバラ、ローザ・リカルディがクレタにもたらされても不思議ではない。クレタからエジプトまでは数日の船旅で行けたのである。

私はまだフレスコ画の中の植物が本当にバラかという疑いを捨てきれない。もし、バラならロナの論文は確かに説得力がある。

ローザ・リカルディやローザ・ガリカのような交配によって生まれたバラが当時すでに存在していたとしたら、それは本当に意識的に作出され、さらに栽培するということがなされたのだろうか。私にはそのことを肯定する根拠が見当たらない。

私の見方を紹介したい。第一に絵は、それがバラかどうかを判断できるものではない。次に、もしフレスコ画に描かれたものがバラだとしても、そのバラは一緒に描かれていたカラスノエンドウと同じように、それは数ある草花の中からたまたま選ばれただけといってよいのではないか。絵全体の構図、修復時の無造作な取り扱いなど、どの花もそれは単に自然の風物を示しただけではないのだろうか。この時代、まだバラは数ある花の中の単なるひとつに過ぎなかった、とみてよい。これが私の結論である。

これまでバラに深い関心を寄せてこられた読者にとって、私の結論は拍子抜けと思われたにちがいない。これがペルシアのバラであったり、エティオピアのバラであったら、と私自身も夢を抱いてこなかったわけではなかったのだが、科学的結論を私情でゆがめることはできない。今日の園芸バラの起源をクレタのミノア文明に求めることは無理であるようだ。しかし、ギリシア時代になってバラは文字となって文献中に登場する。バラとのかかわりが確実に生まれたギリシア時代に舞台を転じることにしよう。

第二章　ギリシアとバラ

バラについて物語るとき、古代ギリシアとローマ時代を省くのは許されない。なぜなら、バラへの関心はこの時代に始まるのだから。品種改良や栽培技術の記録は乏しいが、今日バラに冠せられたイメージの萌芽はこの両時代に見ることができる。ヨーロッパがルネサンス時代を迎えると、それまで冷めていたバラ熱が復興するのだが、バラの今日を決定したのは古代ギリシアやローマに返ることを意識したルネサンスの精神と無関係ではあるまい。

およそ一万年前に地球は氷河期という低温期のヤマを越え、温暖な後氷期へと転じ始めた。この地球規模での気候パターンの変化は、地中海東部から西アジアの気候を次第に少雨なものに変えていった。気候の変化によって新たな森林の形成は困難な状況になり、伐採すればその分だけ森林は減少することになった。

しかし、実際には地中海地域では伐採を止めるどころか、牧畜のためやうち続く戦争のため、森林は焼き払われ、全土がバラの好む荒野に変わりつつあったのである。バラは森林の植物ではない。失われた森林の跡に生み出された荒野にバラは繁殖したと思われる。

バラは人目を惹いたにちがいないが、ギリシア時代のはじめは特にバラの芳香に関心がもたれた。この時代は人間がいまよりもはるかに鋭い嗅覚を有していたのではあるまいか。戦争は視覚をも含めあらゆる感性を一層鋭敏化させたにちがいない。

ところで、私はギリシアとローマに回帰することで近代ヨーロッパは始まった、と学んできた。あらゆる学芸はギリシアの哲人の著作にその萌芽や始原が探索された。自然科学も多くがギリシアに芽生え、どちらかといえば稚拙な観察から、現代人にとって想像もできぬ、包括的な、ときには宇宙的な体系が確立されていった。哲学史家でなくても、何がこの時代の高い知性を育んだのか、深い興味を覚える。

ギリシアのペロポンネッソス半島西部のピロスで、紀元前一二〇〇年ごろと推定される板書（No. 1223）が発見されている。そこにはミケーネ人の文字で次のような内容のことが刻まれていた。

「ティノに対して、セージの香りを含んだ灌油《かんゆ》式のための塗油　二ＬＭ」
「同じくバラの香りを含んだ灌油式のための塗油　二ＬＭ」

この板書は紀元前一二世紀にはバラが芳香のある油作りに利用されていたことを示す重要な証拠である。ＬＭは量を表す単位で、ヤングという人によれば一ＬＭは一一と三分の一ガロン（約五一・五リットル）だというから、これが本当ならかなりの量だ。この板書にもあるように、ギリシア時代のバラ愛好の焦点は花のかたちや色彩よりもはじめはバラのもつ芳香にあったことがわかる。

おぼろげながらバラはギリシア時代に、数ある花のひとつから、ヨーロッパにおいてひとつの社会的な性格を与えられた、特定の意味をもった植物になる萌芽期を迎えたといってよい。その性格付け、それに起因するバラに対するイメージが後のバラの辿った道を決めたといっても過言ではない。貴族を中心にバラへの関心が確実に広がり、浸透していく。

テオフラストス

ギリシア人はどのようにバラを認識していたのだろう。さらに、どの程度、バラの種の違いを知っていたのだろう。ギリシアの哲学者であり、植物学の祖といわれるテオフラストス（Theophrastos）にこの鍵を探ってみよう。

テオフラストスこそは、知られている限り、バラについてはじめて植物学的な記述を残した人物である。植物学の始祖ともいわれる彼の記述には、著名な詩人であるサッフォー（Sappho）やアナクレオン（Anakreon）などがバラを詩の世界に送り込み、バラのイメージを築くのに貢献したのとは、別の重みが感じられる。

テオフラストスは、その当時のバラを二つに分けている。ひとつはロードン（rhodon）と呼ぶ八重咲きのバラで、他はキノスバトン（kynosbaton）と呼ぶイヌバラである。彼は花弁が一〇〇枚もある八重咲きのバラ（rhodea hekatophylla）のことを記述に残しているが、これは当然前者である。

八重咲きのバラを意味したギリシア語のロードンの語は、後にバラに似た花をもつがゆえにシャクナゲ類がロードデンドロン（*Rhododendron*）と命名されたように、バラとは何ら関連のない植物名の一部になっていることがあるので注意がいる。

日本では高山に生える多年草のイワベンケイはヨーロッパにも広く分布するが、太いゴボウ状の地下茎にはバラに似た香りがある。学名を *Rhodiola rosea* といい、イワベンケイ属の属名 *Rhodiola* という語もロードンに由来している。

後に紹介する東地中海のキプロスとクレタの間にあるロードス島は、島の名前そのものもバラ rhodon に因《ちな》んでいる。この島では紀元前四世紀には盛んにバラが栽培された。コインにバラの図を刻んだほどである。

テオフラストスの観察は鋭い。彼はバラには花弁の数での違いがあり、あるものは五つだが、一二や二〇、そしてまれには一〇〇枚もあると述べているし、美しさ、色、香りの甘さの違いも指摘している。ここでいう美しさとは、かたち、フォーム、のことだろうか。バラは五数性の花をもつ植物であり、五枚の萼裂片《がくれっぺん》と花弁（花びら）を有しているのが基本型ということができる。雄しべは多数あり、その一部や全体が花弁に転じる弁化によって、いわゆる八重咲きが生まれる。自然下でもこうした弁化はまれに起こる。テオフラストスの記述は彼の時代、八重咲きのバラが存在し、しかもそれが認知されていたことを示している。

最も甘い香りのするバラは北アフリカのキレナイカ（キレネ）からもたらされると書いて

図2　ダマスクバラ

いる。キレナイカは紀元前七世紀にできたギリシアの植民地で、この香りの高いバラはダマスクバラ（*Rosa damascena* ※図2）であろう。彼はマケドニアのフィリッポス二世（アレクサンドロス大王の父）によって紀元前三五六年に建設されたフィリッピ（今日のフェラブ）のユダヤ教集団が、パンガエウス山の斜面に野生するバラ（ローザ・ガリカか？）を採集して、自分たちの庭にそれを植えていることを記録している。

テオフラストスの著作の多くは失われた。現存する著作中で他のバラについての興味深い記述は、栽培について述べた部分である。彼は種子繁殖と株分けという新しい方法を比較している。この時代はまだ芽接《めつ》ぎの方法は確立していないので、株分けによってはじめて種子のできない個体を殖やすことが可能になったといえる。株分けにより、雄しべが弁化した八重咲きのバラ（必然的に種子はできない）の繁殖に道を開いたことは、バラの栽培熱を高める技術上の裏付けといえよう。

テオフラストスはまたエジプトではヨーロッパよりもバラは二ヵ月はやく開花することを指摘している。三〇年後にロードス島のカリクセネス（Callixenes）も同じような情報を残している。こうしたエジプトのバラへの言及が存在すること自体から、紀元前三〇〇年ごろにはバラがおそらくギリシアからエジプトに移入されて栽培されていたと見ることができる。

テオフラストスの著作では、バラはいまだ数ある植物のひとつであり、特別視されているとはいい難い。しかし後述のように、社会はバラに対する関心を次第に高めている。テオフラストスよりも数世紀前から詩人はバラを詠じ、王侯貴族のバラへの関心を歴史家は記録にとどめているのである。

バラを詠む

ここでギリシア時代の詩や物語にバラについての記述を求めてみよう。

紀元前九世紀の人とされる伝説的な盲目の詩人ホメロスは、長大な『イリアス』と『オデュッセイア』の作者とされる。定説ではこの著作はバラに言及した最初の文学作品ということになっている。それはトロイの戦争（紀元前一二〇六年）にかかわる部分で、アキレウスによって殺されたヘクトールが、その夜のうちにギリシアの兵営にいたアフロディーテによってバラの香りのする油を塗られて永久に保存され、さらに、アキレウスの盾はバラで飾られていたという件《くだり》がそれである。

このような記述は、バラが紀元前九世紀には塗油というギリシア文明の一端を担った儀式と関係していたことと、それを支えるためのバラがギリシアに野生もしくは栽培されて存在していたことを示している。バラが塗油に用いられていたことは、すでに記した紀元前一二世紀ごろのミケーネ文字（線文字B）で書かれた板書からも裏付けることができる。

さて、バラを愛でる最初の詩をつくったといわれるサッフォーは、有名なギリシアの女流詩人で、紀元前七世紀にアナトリア半島を目と鼻の先にしたエーゲ海の島レスボス島に住んでいた。サッフォーはバラを花の女王と呼び、バラについてのたくさんの詩をつくっている。バラを詠んだ詩人はサッフォーだけではない。

乙女は己が手に
そっとギンバイカの小枝を持っている。
一緒に特別に美しいバラの花も。

これはアルキロコス（Archilochos）の詩の一節であるが、ここには現代人の感覚にも通じるものがあるのではないか。

紀元前五〇〇年ごろのアテネの楽師であり詩人でもあった、ピンダロス（Pindaros）は、アテネではスミレの甘い香りが愉《よろこ》びとともに町全体に広がり、バラは町の崖縁を飾っている、と書き記した。紀元前五世紀のこの記述は次第にバラが装飾に供する花として着目されるようになり、現実に利用されていたことを示唆する。
　バラを詠んだギリシアの詩人たちの最後に、おそらくバラに捧げる最初の詩をつくった抒情詩人アナクレオンの頌歌（五一）を引用しておこう。
春は花の冠を手にやってくる
花輪も樹一面を飾る花も一緒に
春に私たちはいつも吟じ合う
春はやがてバラの花を運んでくると
来たれ仲間よ！　歌は響き合う
夏のバラに、甘い夏のバラに向けて
天界の入り口からの息吹のように
バラは人々を生々とさせる
バラを賞賛する声は和して響き合う
花の咲き乱れた迷宮での愛のように
おのおの方は声を上気させる
愛玩の琴を奏で喜びとともに歌う

このようにギリシア時代は下るにつれ、バラに対するイメージが次々と出来上がりつつあった時代だといえる。バラはポピュラーな花の少なくともそのひとつとなり、野生の花を切り集めるだけでは需要をまかないきれなくなっていく。

バラ熱の兆し

ギリシアの法律官・行政官であったソロン（Solon）は、貞操を失い堕落した女と見なされた少女たちがバラの花冠をつけることを禁じられていた、と記している。これは、バラに対する高貴でかつ清冽なイメージが貴族社会に浸透していたことの証しとなるだろう。

ギリシアの名高い歴史家ヘロドトス（Herodotos）にもバラについて言及した箇所がある。それはフリギアのミンダス王の六〇の花弁をもつバラについてのもので、紀元前六世紀にはリディアとペルシアの支配下にあったこの小アジアの国の王、ミンダスはマケドニアに追放されるが、バラは手放さずにもっていったのだという。ヘロドトスはマケドニアのミンダス王の美しい庭園について、その六〇の花弁をもつバラが、彼の知っているどのバラよりも強烈な芳香をもつと書いた。

従来この六〇の花弁をもつバラは、一〇〇弁バラと俗称されるローザ・ケンティフォリア（*Rosa centifolia*）、つまりキャベジ・ローズ（Cabbage rose ※七二ページ⑫）と考えられてきたが、これは誤りである。キャベジ・ローズは一六世紀になってオランダで誕生した新しい交配種で、ギリシア時代に存在したとは考えられない。ギリシアの一〇〇弁のバラやこの六〇弁のバラはローザ・ガリカかローザ・アルバ（*Rosa alba*）の八重咲きと考えられる。

バラ熱は高まり続けた。アテネに住んでいたエピクロス（Epikouros）は、新鮮なバラをいつも供給するために市中に自分のバラ園をつくったという。

ロードス島でもバラは随所で栽培されるようになった。紀元前五世紀に発行された一〇〇種類余りものコインの裏面にはバラを中心とした図が刻まれている。この島でのバラへの情熱が伝わってくるが、同時にこれはバラのイメージを考えるうえで重要な資料でもある。なぜならこれはバラを実際に描いた数少ない図だからである。ロードス島のコインを通じて、私たちは紀元前五世紀に八重咲きのバラが存在し、価値あるものとされていたことを知るのである。いったいこれらのコインに太陽神アポロとともにバラを刻み込んだのはなぜか。

何が魅力か

ところでバラの何が人々を魅了したのだろう。この根本の問題にたちかえると途端に答えに窮する。古代ギリシアとバラの関係は実際のところほとんどわかっていないのである。ただ芸術家は、高貴で雌しべと雄しべのそなわった放射相称の花を愛した。一般の人々はどうだっただろうか。エピクロスのような人物はむしろ例外的だったのではあるまいか。当時のアテネ市中は狭く、今日でいうバラ園を設ける場所などはそうなかったであろう。しかし、婦人たちにより管理されていた中庭のひとつで、美しい花を咲かせる小さなつる状のバラが栽培されていたといわれる。アドニスの園として知られるものである。このバラはしばしば銀でできた植木鉢に植えられていた。テオフラストスは、これがバラの鉢栽培のはじまりであるとみている。

ローマ時代のギリシアの歴史家プルタルコス（Ploutarchos）がニンニクをバラのそばに植えるとバラの芳香が増すと書いているのに注目したい。さかのぼってギリシア時代にも、花の香りは悪魔を除け、健康や家族の安泰を招くと信じられていたからである。

これまで見てきたように、ギリシア時代、バラの価値は確かに次第に高まったといえる。しかし、私は、バラはいまだ芳香のあるユリやスミレと同じような、よい香りのする植物のひとつであったに過ぎなかったのではないかと思う。それでも、バラが無名の花ではなくなったことは事実である。ギリシアを範に展開された古代ローマではバラはどのような扱いを受けるのだろう。裸同然の暮らしが廃れる中で塗油の儀式も形骸化したであろう。バラの用途はどう変わっていくのか？　その花を観賞するような方向への展開があるのだろうか？私たちもローマ時代に急ぐことにしよう。

第三章　ローマとバラ

日々をかつかつに暮らさねばならない状況では花の香りや花の美しさを愛《め》でるゆとりは生まれにくい。たとえ個人的に関心がもたれたとしても、それは社会的な広がりとはなっていかない。このような状況下では、食べられる植物、薬になる植物、政治・宗教・儀式に用いる植物以外は、単なる草であり木に過ぎない。

ギリシア時代は生産に直接かかわらぬ貴族や市民が学芸を興隆させた。多分に薬効が信じられ、彼らは芳香を放つ植物に関心を寄せた。バラもその中のひとつであった。一部でバラの栽培も行われた。はじめはバラ油の生産が目的であったであろう。バラは芳香をもつだけでなく、その花はロゼット文様に刻まれたハスやシュンギクの花のように整ったかたちで、白やピンクなどの色合いは変化に富むが、どの花色も清純な印象を与え、花そのものも関心の対象となった。いや色やかたちでの清純さ、清楚さというものが具体化された、といった方がよい。

バラの花は清らかな乙女たちのイメージと重なり合い、純潔を象徴する花となっていく。アルキロコスはバラをもたせることで乙女の美しさをきわだたせた。法律と行政に詳しいソロンは、貞操を失った乙女たちがバラの花冠をいただくことを禁じられたと書いているが、ここにはバラ＝純潔の発想が感じとれる。

バラ油用とはいえ、一面に花咲くバラ園はそれを見た者に強い印象を残したと考えるのは現代人の感覚だろうか。私はそうは思わない。多くの賢人がバラ園を記録にとどめているのはその証しでもあろう。ギリシア人の植民者たちによってバラはローマに伝えられ、ローマ時代にバラへの関心は爆発的に広がる。熱狂したとさえ思われてならない。

高貴な花へ

農事にも詳しい大カトー（Marcus Porcius Cato Censorius）は、とるに足らないような戦さの勝利などにバラが贈られるということに苦言を呈している。そうすることでバラに与えられている高貴なものの象徴としての価値が下がってしまうということが彼の心配事であったのだ。大カトーは、ローマの元老院議員であり、当時ローマに起こりつつあった万事に及ぶモラルの低下に歯止めをかけようと試みたことでも有名な人物である。

ここには現在に通じる「高い名誉を象徴する花」というバラに与えられた重要なイメージの存在をみることができる。

大カトーはバラの大盤振る舞いを非難する一方で、バラを植えること、特にすべての家の中庭にバラを栽培することを推奨している。生花や花環、さらにはバラの冠に対する膨大な需要に応えるため、というのがその理由である。彼にとってバラは高貴なものの象徴であり、その使用範囲を限定してまでもその価値を保守したかったのだろう。

政治家であり著名な弁舌家でもあったキケロ（Marcus Tullius Cicero）は、住民から金銭を強要しかつ過度の贅沢をしたとして、シチリア島の司令官、カイウス・コルネリウス（Caius Cornelius）を告訴した。その贅沢、特に彼が非難をしたのはコルネリウスが地方へ旅行するとき、バラの花弁を詰め込んだ座布団に坐り、かつ頭をバラの花冠で飾っていたことであった。さらに印象を悪くしたのは、何と鼻の下にバラの花弁を詰めた小さな匂い袋をいつもぶらさげていたことにある。

熱狂とはそういうものであろう。冷静にそれを眺めればいかに馬鹿げているかすぐに判断できることなのに、その判断自体が狂ってしまっているのだ。麻薬のようにバラの香りが当時の人々に作用したのだろうか。

日常を飾る花に

最初のローマ皇帝となったのはアウグストゥス（Augustus 前63–後14）である。彼の治世中は繁栄を迎え、古代ローマの黄金時代と呼ばれた。その治世の初期にはバラは贅沢品と見なされていたが、急速にバラが日常生活に欠かせぬ花へと転じていったのである。

バラの香りを満喫するためや、新鮮な切り花を欠かさぬために、私設のバラ園をつくるこ

図3 『ヘリオガバルスのバラ』（ローレンス・アルマ＝タデマ画　1888年）

とが慣習とさえなった。またバラの開花期間は、休日を、後述するペストゥムで過ごすことがはやった。どの家庭でも食卓はいうに及ばず、家じゅうバラの花で飾りたてたのである。彼らは葬儀にもバラを使った。また故人を讃えるためのバラの祭典が開催された。

当然のことながら、こうした熱狂は皇帝にも及ぶ。暴君の名を冠せられた皇帝ネロのバラ狂いは特に有名である。彼は晩餐の部屋や浜辺をバラの花で埋め尽くすほどに飾りたてたのである。莫大な経費がそのために支払われたのはいうまでもない。また皇帝ヘリオガバルス（Heliogabalus 204–222）もバラを好み、晩餐会や酒宴の会場の天井から、来客の上にバラの雨を土砂降りのように降らせたと言われる。来客が花の重みで窒息したという話をもとに、アルマ＝タデマが描いた油絵（図3）も有名である。

塗油でそのかすかなバラの香りを慈しんだギリシアの貴族とちがい、ローマの貴族や裕福な市民はバラの花で周囲を飾りたてた。まるでローマは芳潤な香りに満ちたバラの海のようであったことだろう。食卓ばかりかネロのように回廊や歩道までバラの花で埋めたのだから。ギリシアに比べ格段に大きくなった経済的なゆとりが、このような奢侈を許容したのだろうが、はたしてこうして消費されるバラの需要をまかなえる供給体制はあったのだろうか。

休日はペストゥムで

ローマへのバラの供給にふれる前に、ペストゥム（Paestum）のことを紹介しよう。ペストゥムはイタリア半島の中央部のティレニア海に面したカンパニア地方にあった。その場所はナポリからおよそ九七キロメートル南東のサレルノ湾に面しており、ナポリ湾とは「帰れソレントへ」の歌で有名なソレント半島で隔てられている。ペストゥムはギリシア人によって紀元前六〇〇年ごろにポセイドニアの町として建設された。紀元前二七〇年ごろに、ペストゥムはローマ人によって接収され、彼らはそこにバラ園を設けたのだった。

図4　ローザ・ビフェラ *Rosa Bifera*（P＝J・ルドゥーテの『バラ図譜』より）

ところで商品としてのバラの栽培を行うバラ園をローマ人はロゼトゥム（rosetum 複数形はロゼタ roseta）と呼んだ。彼らは、純粋に観賞し楽しむ目的でバラを栽培しているバラ園、ロザリウム（rosarium 複数形はロザリア rosaria）をロゼトゥムと厳格に区別している。

ペストゥムにはたくさんのロザリアやロゼタがあった。ここで栽培されていたバラは芳香の強い秋咲きのダマスクバラ、すなわちローザ・ビフェラ（*Rosa bifera* ※図4）だったと考えられている。当時のローマの上流階級の間では、バラの開花期間の休日をペストゥムで過ごすのが慣習となっていたらしい。

こうしたバラ園があればこそ暴君ネロの執拗なバラへの要求にも応えることができたのだろう。しかし、やがてペストゥムだけではバラの需要を満たすことはできなくなってきた。

スペイン生まれの詩人マルクス・ウァレリウス・マルティアリス（Marcus Valerius Martialis）は、

ナイルよ、このローマのバラは汝のものよりも格段にすぐれている。
ナイルのバラはもはや不要だ。ナイルの穀物を我々に送れ

という意味の、たいへん興味深い一節を残している。

想像するにナイル川のデルタは住民が食べ物に事欠くほどバラの栽培が隆盛をきわめていたのだろう。ローマよりも格段に暖かなナイル河口のデルタ地帯やカルタゴはバラ栽培にも

適していた。特にローマ周辺では供給が望めない冬のバラは、ほとんどはペストゥムかエジプトやカルタゴでまかなっていたと思われる。皇帝ネロは特に冬のバラを好んだという。

バラの大きな需要を満たすために行われたことは、栽培地の拡大だけではなかった。栽培技術の改良も試みられた。着目すべきは現代の温室に当たるような特別なガラス室をつくり、早期に開花させる試みがなされていることである。

ローマのバラとは

ところで、特別な花になったバラだが、古代ローマ人はまだバラの多様性には着目していない。すべてはバラの一語であり、一重も半八重も八重咲きも変化のうちであり、白花も紅花も同様であった。

だが偉大な自然史家であったプリニウス（Gaius Plinius Secundus）はさすがにバラといってもいろいろあるということに気づいていた。古代ローマのバラ認識を知る手がかりを得るためにプリニウスのバラについての記述を検討してみよう。

プリニウスは三七巻からなる『博物誌』（*Naturalis Historia*）を著したが、バラはその第二一巻一〇章に記述がある。

バラは、つる性の野生バラのようには大きくならない低木である。藪を作る野生のバラの一種にも似ている。ほんのかすかでも香りがある野生株を見つければ、見つけものである。バラの種類の中で我々が知っている最も有名なものはプラエネステとカンパニアのバラである。ある人はこれにミレトゥスのバラを加える。というのはそれが鮮やかな燃えるような花色をもつためだが、花弁の数は一〇個以下でしかない。

　これらに次ぐのは燃えるほどではないが赤い花をもつタラチスのバラだと思われる。次はアラバナ産で、白色の花弁をもつ。最も劣るのはトゲイバラと呼ばれるもので、花は小さいがたくさん咲く。花弁数は最も少ないものは五個で、他はもっとたくさんの花弁をもつ。なかには一〇〇個の花弁をもつバラと呼ばれた一種があり、イタリアではカンパニアにあり、またギリシアではフィリッピの周辺にあるが、それは土着のものではない。フィリッピに近いパンガエウス山には小さいがたくさんの花弁をもつバラがある。場所を変えることで改良をはかろうと周辺の人たちはそれを移植し育てている。

　プリニウスの情報収集力はなまなかではない。しかし、他の記述も含め今日から見ると総じて具体性に乏しい記述といわねばならない。だが、バラ学者たちの執念は恐ろしい。この短い記述からプリニウスの書き残したバラが植物学的にどの種に該当するのか、すべてを特定している。私にも納得できる説をここに紹介しておく。

プラエネステのバラ↓ローザ・ガリカ（*Rosa gallica* ※六五ページ①）
カンパニアのバラ↓ローザ・アルバ（*Rosa alba* ※六五ページ②）
ミレトゥスのバラ↓ローザ・ガリカ
タラチスのバラ↓おそらくダマスクバラ（*Rosa damascena* ※六五ページ③）
アラバナのバラ↓・ローザ・アルバ
トゲイバラ↓ローザ・ピンピネリフォリア・ミリアカンタ（*Rosa pimpinellifolia* var. *myriacantha*）
一〇〇弁のバラ↓ダマスクバラ
パンガエウス山のバラ↓ローザ・ガリカ

他の箇所に登場するものでは、キレナイカ（キレネ）のバラはローザ・モスカータ（*Rosa moschata*）、コロニオラのバラはたぶんローザ・センペルウィレンス（*Rosa sempervirens*）、グラエクラのバラはたぶんイヌバラ（*Rosa canina*）である。

しかし、プリニウスがバラとしたもののなかには、バラではないものもある。すなわち、ギリシア名でリクニス（*Lychnis*）と呼ぶものは、ナデシコ科のスイセンノウ（*Lychnis coronaria*）であり、また、マケトゥムのバラは、アオイ科のタチアオイ（*Althaea rosea*）の可能性が高い。

確かに市民はバラに熱狂していた。が、そのわりに当時人々が知り、また栽培されたバラは種数も少なく、変化に乏しいものだったようだ。バラなら何でもよいのであって、いまだ珍奇なバラを専有するような意識は稀薄だった。

どんなかたちでもどんな色でも自在に作り出せてしまうほどに高度の技術を発達させた現代、バラは一年中絶えることなく私たちの身の回りに存在し生活に潤いを与えてくれる。このような四季咲きのバラは実は新しいものなのである。バラの園芸が盛んになってさまざまな改良が試みられたが、一九世紀になり中国からコウシンバラ（*Rosa chinensis* ※六五ページ④）が導入されるまで、ヨーロッパには本当の意味での四季咲きのバラはなかった。

バラの誕生の歴史をめぐる記述と論争の中で、この問題、つまり、四季咲きのバラの存在にはずっと大きな関心が払われてきた。コウシンバラ導入以前にそれは存在したかどうか。この問題は改めて第六章でふれてみたい。

もっともローマ時代のバラへの熱狂にはその開花時期が限られていたことも関係していたと私は思う。ちょうど私たちが春にサクラの花見に興じるように。

バラの花環

ローマ時代にバラは熱情と献身、そして秘密のシンボルと認められるようになった。また、ローマ人はバラを愛の女神と酒の神に捧げている。これはギリシア人も同じである。彼らの内面では、バラは酒と愛に自然に結びつくものがあったのだろう。興味深い問題だが、ここでは割愛せざるを得ない。

ところで、ローマ人はバラを祭りや重要な儀式、さらに墓地の飾りともした。バラは神への捧げ物でもある一方で、葬儀にも用いられた。これは、古代ギリシア人とエジプト人にとってバラは死の花でもあったことに脈絡を通じていると考えられる。そのためにかバラはしばしば墓地に植えられたのである。ローマでは、五月一一日は死者の祭典で、「バラの日」(dies rosarius または dies rosae) と呼ばれた。

記録には乏しいが、個人的に身の回りをバラで飾り、清潔にすることもあったにちがいない。バラの用途はローマ時代になって著しく多様になったことは明らかだ。

ローマでは祭りの間じゅう、人々は家のなかをバラで飾るだけでなく、街路も花で満たし、記念碑や神々の彫像にはバラの花環が掲げられた。市民が花環を身につけたのはもちろんだが、このときは奴隷も辻々の楽士も花環をつけていたという。

バラを冠に用いる慣習はローマ人が始めたものではなく、ギリシア時代からあった。ヘブライ人の間でもバラを用いた冠をつけることが行われていた。バビロニア人もバラの花環をつけていたという説もある。ただし、彼らがバラを他の植物とは切り離して特別視していたかどうかは別問題だ。

生活に欠かせぬ花に

バラは台所にも欠かせぬ存在になった。花弁をジェリー、ハチミツ、ワインなどに入れたデザートや飲み物がつくられた。特にバラの花弁をワインに浮かべる習慣は後まで続いた。当時の大酒呑みたちにとってもバラはワインと切っても切れない必需品となった。彼らの多くは頭にバラの花環をのせていた。バラが頭を冷やし、また悪酔いを防ぐと信じられていた。実際に、バラの香りは、髪の毛に染み込んだワインの饐《す》えた臭いを消すのに役立ったのである。ワインに花弁を入れるのも、悪酔い防止に絡んで起こったことかも知れない。

かくしてバラはローマ時代に、花の「ひとつ」から、生活に欠かせぬ「特別な」花へと転じた。これを必要としたのは貴族であり、裕福な市民である。このことが後にバラに託されたイメージのひとつ、貴族性を形成していくことになるのは間違いない。

バラの下で

ローマのプレイボーイは恋人のことを「私のバラ」(mea rosa) と呼んだという。最初に咲いたバラの花を恋人にプレゼントするのが慣わしだったらしい。こうした隠語が登場するほどにバラは日常生活に密着したものだったことがわかる。

「バラの下で」(sub rosa) という言葉も生まれた。これはバラが秘密を守るシンボルとなったことと関係している。天井にバラが描かれていたり彫刻されていたりする部屋なら、そこでの会話や論談は内密にすることが約束されていた。「バラの下で」を意味するsub rosaは機密厳守と同義語として用いられたのである。

この習慣はギリシアが紀元前四七九年にペルシア王クセルクセスに勝利したときに生まれたといわれている。そのとき、ギリシアの将軍たちはミネルヴァの寺院のそばにあったバラ園に集まり、海からクセルクセスの軍隊に反撃する作戦を立て、それがギリシア側を勝利に導いた。このバラの下で立てられた秘密の作戦はギリシア人によって、秘密を意味するシンボルとなり、ローマ人の間でも慣用となったばかりか、中世にはフランス、ドイツ、イギリスでsub rosaが機密厳守を意味する言葉として用いられたのである。

ローマ時代において、今日のバラの用途とバラに託されたイメージのほとんどが出そろったといえるだろう。しかし、ただひとつだけ重要な用途が落ちている。それこそが、今日においてバラを国際的な園芸植物たらしめている、花の多様さを観賞するという営みである。

これを実現させるにはそれなりの舞台装置が必要であった。園芸植物一般についていうなら、それはいわゆる大航海時代になってヨーロッパにもたらされた、未知の大地の未知な植物であったし、バラに限定していえば、コウシンバラをはじめとしたアジアのバラの導入であった。このような植物による強烈な印象なくしては、植物の示す多様性に開眼できなかったのではあるまいか。この問題には、ルネサンス以降のバラの園芸化の歴史に関連してふれてみたいと思う。

第四章　バラの植物学

これまではバラを、文明や私たちの暮らし、あるいはバラに寄せるイメージなど、人間とのかかわりに中心をおいて眺めてきた。ここでは、そのような視点をひとまずおき、バラそのものへの理解を深めてみたい。バラの構造とでもいうべき、その独特なかたち、それを的確に伝えるにはどのように表現すればよいのか、また、バラの種《しゅ》とか園芸品種とは何か、バラの植物学ともいうべき内容をここで検討してみることにしよう。

レーダーはいった

アメリカの植物分類学者アルフレッド・レーダー（Alfred Rehder, 1863–1949）はいっている。

「バラ属の種はたいへん変化に富んでおり、そのうえ簡単に他種と交雑する。そのため、種の範囲は植物学者によって異なる」

補足してみよう。バラ属とは簡単にいってしまえば、植物学的にみたバラの仲間のことである。学名を*Rosa*（ローザ）といい、日本に自生するノイバラもハマナスもサンショウバラもみなバラ属の植物である。

余談だが、日本語でバラというとき、その語がカバーする範囲がバラ属と同じかどうか、これは用いる人によって異なる。植物学者や植物愛好家のいうバラはまずバラ属のことと考えてよい。しかし、一般ともなると、人によっては、刺《とげ》のある植物はみんなバラの仲間と思っていて、系統上はユリに近いサルトリイバラ（ユリ科）やマメの仲間のジャケツイバラ（マメ科）も刺をもつことだけでバラの仲間に含められてしまう。

もっとも、日本語のバラは、『万葉集』にも登場するウマラ（宇万良）という言葉がイバラ（荊）に転じ、それがさらに変化してできた語であるが、このウマラやイバラは、刺のあるつる植物を指していて、ここでいう正真正銘のバラ属の植物だけではなく、元来がサルトリイバラやジャケツイバラもこれに含まれていた。有刺鉄線をバラ線というように、バラとはもともと刺に着目した名前や言葉だったのだから、この用法も誤りと断じることはできない。

次が「種」とは何かだが、これは難問である。「種」とは何かに答えるのが生物学のひとつの課題であるといっても決して過言ではない。植物では、種が違えば、かたちそのものが異なり、しかも野生状態では他種との間で交配ができない。また、仮に交配したとしても、次の世代を担う正常な種子をつくることができない。種とはおおむねこのような特性をもっているとしておこう。

ところで私たちが野外で目にする植物のひとつひとつの個体は、こうした「種」を実在たらしめている個体のひとつである。したがって、「種」というものは、実際には同じかたちをした個体の集合体としてとらえられているともいうことができよう。

レーダーが書いたことは、バラ属ではふつうの植物にはめったに起こらない異種との間の交配が生じ、発芽する種子もつくるので、その結果が種の区別、すなわち、分類をむずかしいものにしている、というように理解することができる。ちょうど子供が両親のもつ特徴を合わせ持っているのに似て、雑種の種子が発芽することで、もともとははっきりと違う種の特徴を不明なものにしてしまうのである。

レーダーのあげた例によると、イギリスの植物学者で、一九世紀後半に世界の植物を集大成したベンサム（George Bentham）とフッカー（Joseph Dalton Hooker）は約三〇種、また種そのものについて独自の考え方をもっていた同じ一九世紀後半のフランスの植物学者ガンドジェ（Michel Gandoger）はヨーロッパ、西アジアだけで四二六六種あるとしたという。このようなとてつもない幅があるものの、今日多くの植物学者は、バラ属には一〇〇から二〇〇種があるものと推定している。

それでも一〇〇と二〇〇では大違いなのだが、これほどの開きのある数で納得せざるを得ないところにいみじくも今日のバラの植物学の現況というものが示されている。その知名度にもかかわらず、今日に至るまでバラ属の分類学的な研究は遅れていて、満足のいくバラ属の種の分類には誰も成功していないのである。

本書では巻末に付録として「バラ属の分類体系」を掲載した。これは私の研究で現在のところ妥当と考えられる体系を要約したもので、研究が進めばさらに部分的な修正が必要になるかも知れない。

ところで、ここで「種」といっているのは自然界にある野生種のことで、これらの種の人工的なかけ合わせ（交配）によって雑種が生みだされ、その中から優秀な個体を選択して育種することにより、おびただしい数の園芸バラが作出されている。〈ピース〉（Peace ※六五ページ⑤）とか〈クイーン・エリザベス〉（Queen Elizabeth ※六五ページ⑥）というのはこうして作出されたバラであり、このように人工的に作出された個体は園芸品種または園芸種と呼ばれ、植物学上は野生種とは別に取り扱われている。

バラの容姿

ここでバラの仲間、つまりバラ属の植物がもつ特徴をかいつまんで述べてみよう。図5、6を参照していただきたい。

バラには、高い木になる種や草になる種はない。茎が直立するもの、這うもの、つる状となって絡まるものなど、さまざまな性状をもつ種があるが、みな低木である。低木とは、幹がはっきりせず、木の下を歩いて通ることができない木をいう。ふつう木になる植物は、こ

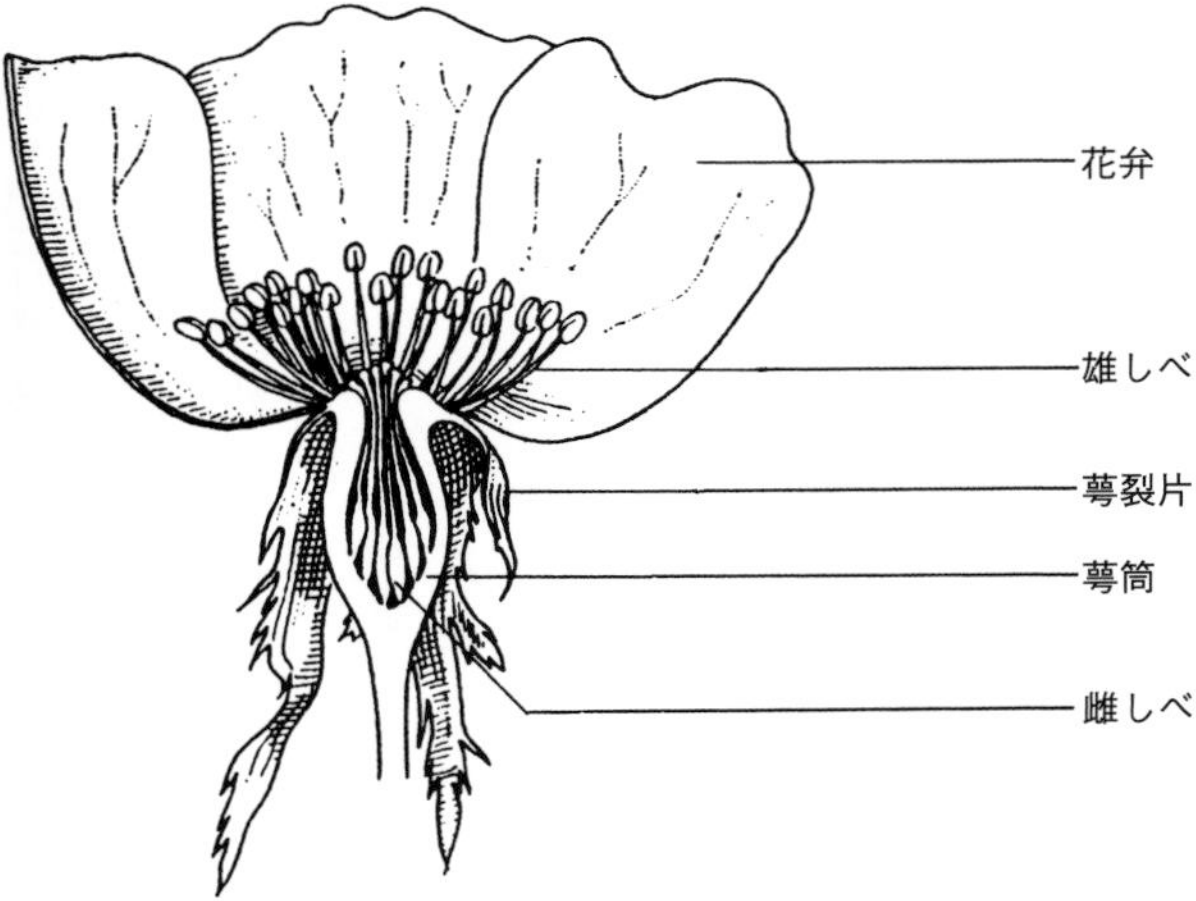

図5　バラの花の断面図

の低木と、はっきりとわかる幹をもち下を歩いて通れる高木に二分することができる。バラならどの種も茎や枝に刺がある。刺には先がまっすぐなものと、鉤《かぎ》状に曲がっているものとがある。しかし、いずれも鋭く、バラ好きの人でもこの刺には手を焼く。

バラの葉

葉は茎に互い違いにつく。このような葉の配列を互生《ごせい》という。ローザ・ペルシカを除くとバラ属のすべての種は、複葉になる。ひとつの葉が、小葉と呼ぶパーツで組み立てられている。しかも、奇《き》数羽状《すううじょう》複葉といい、小葉が軸の先端と両側に並ぶ。小葉の縁は、のこぎりの歯のようにぎざぎざになっ

図6　ノイバラ　*Rosa multiflora*

図7　ハマナス　*Rosa rugosa*

ており、この状態を鋸歯《きょし》があるという。

托葉

葉が茎につく部分に托葉《たくよう》がある。耳馴れない言葉だが、どんなバラでもよいからその葉を茎から丹念に取り去って、葉柄のつけ根の部分を見ていただきたい。そこには葉の本体ともいえる小葉でもなく、また柄そのものでもない構造物があることがすぐわかるであろう。それが托葉である。たとえば、日本でふつうに見ることのできる野生種であるノイバラ（*Rosa multiflora* ※六五ページ⑦）では、托葉は葉の柄に合着し、縁は櫛《くし》の歯状に細かく裂けて、それぞれの歯の先端にはふつう球状になる腺《せん》がある（図6）。また、海岸の砂地に生えるハマナス（*Rosa rugosa* ※六五ページ⑧）では、托葉は質が薄く、幅も広くなり、上半分は柄から離れて耳状になっており、しかも縁には歯状や鋸状の突起がない（図7）。

ローザ・ペルシカを除く、バラ属の全種が托葉をもつが、ノイバラのように托葉が葉の柄に合着している種と、全体あるいはハマナスのように一部が柄からは離れている種があり、しかもその形状が種によって異なることが多いので、托葉は種や園芸品種を見分けるときには重要な特徴になる。園芸や植物学の立場でバラを見るとき、托葉を見落としてはならない。

バラの図譜に関連して後述する、バラの画家と呼ばれるピエール＝ジョセフ・ルドゥーテ

(Pierre-Joseph Redouté, 1759–1840）は、どんな場合も托葉を重視して描いている。まず描くときふつうはつねに托葉のかたちがわかるように位置させているが、そうできなかったときは、いちばん下方に描く葉の小葉を省略して托葉だけを描いて見せるなどの特別の工夫をしているのはさすがである。

バラの花

バラ属では枝先にたった一輪の花をつける種と、たくさんの花がつく種がある。たくさんの花がつく場合、そのつき方（花序《かじょ》）や咲く順序に一定の規則がある。

私たちがバラにおいて最も関心を寄せるのは植物の生殖のための器官にあたる花である。生殖という生物にとって重要な問題であるにもかかわらず、バラに限ることではないが植物は私たちから見ると、生殖に対してまったく他力本願的に見える。なぜなら、雄の生殖細胞の役割を果たす花粉であるが、何とその運搬を昆虫や小鳥、コウモリあるいは風や水などに委ねてしまっているからだ。

風や水は別として、昆虫や小鳥に花粉の媒介を委ねた花では、花が彼らに対して目立つ存在でなければならなくなる。

バラの花が目立つのは、人間に対してではない。花粉を媒介する昆虫を花に誘引するためなのである。

バラに限らず花はふつう、萼《がく》、花冠《かかん》、雄しべ、雌しべという四つの部分からできている。いちばん外側の部分、すなわち、蕾《つぼみ》のときに外側に裸出している部分が萼である。バラ属では萼の下方が合着して筒状となり、その上部に五つの萼片がある。この筒状の部分の内側に雌しべ、上縁に雄しべがある。五つの萼片には、先が長く芒《のぎ》状にとがる種や、毛を密生する種など、いろいろな変化が見られる。

花冠は萼より内側にある。花冠をつくるひとつひとつが俗にいう花びらであり、専門的には花弁と呼ばれている。バラ属ではこの花弁が花の観賞価値の大半を決めるといっても過言ではない。

バラ属は基本的に花冠は五枚の花弁からなるが、雄しべの一部が花弁状に変化することによって、倍以上の花弁をもつ花がつくられる。半八重とか八重咲きというものがそれである。

雄しべがなぜ花弁のかたちに変わることができるのか。まだ謎の部分が多いが、花弁も雄しべもそもそも「花葉《かよう》」という起源を同じくする特殊な葉に由来するものであり、しかも雄しべから花弁へのかたちの転換はわずかな調節遺伝子の作用で誘発される可能性が高い。

それに反し、萼片や雌しべの弁化はふつう見られない。

花弁は紅色、黄色、白色など多様な色彩をもつだけでなく、精油成分を含んでいる。バラ水やバラ油を採るために、地中海沿岸地方や中近東では今日でも、多量のバラが栽培されている。

バラ油の主成分はゲラニオール、シトロネロール、ユーゲノールなどである。製法にもよるが、ふつう二〜四トン当たり一キログラムの収量があるといわれている。純粋のバラ油一滴を得るのに、ざっと三〇個の花がいるということになる。

雄しべは、雄の生殖器官で、糸状の花糸《かし》と呼ばれる部分の先に、花粉を収めた葯《やく》がある。雄しべは花粉を放出してしまえば、その役割を終える。

それに対して雌の生殖器官である雌しべは、受精した胚を種子にまで育て上げるので、種々の防御手段が発達している。雌しべとは対照的に、雄しべは進化した植物ほど構造が単純化している。この点はバラ属も例外ではない。

バラ属は萼片や花弁が五枚しかないのに、雄しべはその三倍以上の数がある。もし雄しべも五個とか一〇個しかなかったら、バラの園芸はこれほどまでには発達しなかったであろう。なぜなら、五個や一〇個の雄しべでは、そのすべてが花弁に変化しても、豪華な八重咲きのバラにはならなかったからである。

雌しべは、胚珠《はいしゅ》を収めた子房《しぼう》、花粉をとらえる柱頭《ちゅうとう》、子房と柱頭の間をつなぐ花柱《かちゅう》という三つの部分からなる。雌しべは萼筒の内側につくことはすでに述べたが、種によりその数の多いものと少ないものとがある。

雌しべ（子房）が受精を終えて成熟したものを果実と呼ぶが、バラは独特の果実をつくる。バラの実、英語でヒップ（hip）と称されるのは、果実そのもの（成熟した雌しべ）とそれを収める壺状の萼筒からなる。バラ属では萼筒が花後長く枝に残り、鮮やかな赤や橙色、黄色になり、肥厚し、その中に成熟した雌しべ、すなわち果実そのものを収めている。

hip の語は綴りの上からは臀部をいう hip と同じだが、語源を辿ると古期英語の「野いばら」を指した hiopa に由来する heope に行き着く。一方臀部を指す hip は古期には hype と書いたのである。

今日、バラの実を広くヒップと呼ぶのだが、もとは真紅に熟すイヌバラの実を指しているのも間違いない。それゆえ、ヒップの訳語は、狭義には「イヌバラの実」、広義には「バラ属の実」というのが正しい表現であろう。

萼筒の中にある真正の果実は痩果《そうか》といい、果実の組織が肥厚せず薄く種子に密着している。

つまり、私たちがバラの果実として見ているものは真正の果実とそれを入れた容器の役割を果たしている萼筒ということになる。本書でも、特に断らない限り、ヒップを果実と呼ぶことにする。

以上がおおざっぱに見たバラの花の構造であるが、実際にいくつかの花を手に取って、外側から、花弁を取り除きながら調べてみると、種が違っても変わらないところと、種、ときには園芸品種によっても変わる部分があることに気づくであろう。

美しい花をより身近にするためには、細部にわたっての知識も必要である。ちなみにルドゥーテの描いたバラは、その特徴が心憎いほどよく表現されている。彼の作品を見ると、微細な構造の違いも見逃すことなく観察していたことに驚くことが多い。バラを一層身近なものとするために、また、バラについてのコミュニケーションを正しく進めるためにも正確な用語を用いる習慣を多くの人がもつようにしたいものである。

① ローザ・ガリカ

② ローザ・アルバ

③ ダマスクバラ

④ コウシンバラ

⑤ `ピース′

⑥ `クイーン・
エリザベス′

⑦ ノイバラ

⑧ ハマナス

⑨ テリハノイバラ

第五章　バラの園芸化の歴史を辿る

どんな野の花も見ようによっては美しい。美しいか美しくないかは、対象に接する人間の問題、つまり美意識であり、花そのものの問題ではない。が、その美意識には個人を超え多くの人々に共通する点もある。

そうした美の意識に刺激を与えるように、野生の植物を改良し、人前に提供する。これが園芸の仕事である。園芸に供される植物は園芸植物と呼ばれる。どんな園芸植物でも、新しい園芸品種を作り出すのは科学であるが、同時にそこには一種の芸術気質が介在する。

新植物を人工的に創出することができるようになった当初は、それ自体が科学的な成果として注目され、好奇の目をもって人々に社会に受け入れられていった。新しいバラをつくるといっても、それは次第に、ただ新しければよいというものではなくなっていった。専門家も一般の人々も迎え入れたバラとは、そもそも野生種にはなく、かつ人々の美意識を満足させるものであった。こうして新しいバラの育成は一種の芸術となったのである。

八つの野生種

バラは野生種そのものが多くの人々に美しいと感じられる花をもっている。バラの野生種は一〇〇以上あるが、シェパードは、現代のバラの園芸品種作りに貢献したのは、そのうちのたった八種に過ぎないといっている。実際にはそれだけではないにしても、ひとつひとつの野生種がもつ固有の遺伝子を、人工的に組み合わせて新しいバラの園芸品種が作出されていったのである。新しい花型の誕生は熱狂を生み、花色では、画家が絵具を混ぜ合わせてキャンバスに新しい色を生みだしていくように、園芸家は新しい色の美しい花を自在に生み出そうとした。シェパードが名をあげた八種のバラとはどれを指すのだろう。そのバラがすべてアジアのバラだといったらにわかには信じてもらえないかも知れない。しかし、それは事実である。そのなかには日本のノイバラ、テリハノイバラ（*Rosa luciae* ※六五ページ⑨）、ハマナスが含まれる。そのほかは、中国産のコウシンバラとローザ・オドラータ（*Rosa odorata* ※七二ページ⑩）、小アジア産のローザ・フェティダ（*Rosa foetida* ※七二ページ⑪）、ローザ・モスカータ、それにダマスクバラである。

バラといえばふつうは欧米の花だと思ってしまう。そのバラの歴史といえば、西ヨーロッパに起源を求めてしまうのも当然の気がする。だが、ここに驚くべき事実がある。それはそのヨーロッパでさえ、一九世紀初頭に栽培されていたバラは、わずかに四種しかなかったということである。その四種とは、お互いによく似かよったところのある、ローザ・ガリカ、ダマスクバラ、キャベジ・ローズ（※七二ページ⑫）およびローザ・アルバで、その意外な事実に驚く読者も多いことだろう。

ところで、バラの園芸ではオールド・ガーデン・ローズとモダーン・ガーデン・ローズという言葉が頻繁に用いられる。ここでいう、オールドとかモダーンというのは何を基準に区別されているのか？　これがわからないとその区別の意味がまったく見えてこないし、区別は単なる便宜的なものとしか解されない。この問題の基礎を築いたバラ学者ハーストは、その著名な論文「園芸バラの起源と進化に関する覚書」の冒頭を次のように始めている。

「一八世紀末コウシンバラがイギリスに導入されたことが、ヨーロッパ、アメリカ、さらには中近東でのバラの園芸化に一大革命をもたらした。極東からのコウシンバラ導入の効果は、一九世紀初頭に登場した「ノワゼット」(Noisette) と「ブルボン」(Bourbon) という雑種のバラの誕生によって最初の刻印がなされた。それで私たちは西暦一八〇〇年という年を、バラの園芸化を古代《オールド》と現代《モダーン》に二分する自然な境界として採用するのがよい」

つまり、ハーストはオールドとモダーンの区別を、コウシンバラが導入され、ヨーロッパのローザ・モスカータやダマスクバラとの交配によって「ノワゼット」や「ブルボン」が誕生した西暦一八〇〇年という年を境に行うのがよいと主張したのである。しかし、一般に認められているオールド・ガーデン・ローズの定義は、一九六六年に全米バラ協会が承認した、「一八六七年よりも前に存在した〝グループ〟に入るバラ」であるというものである。

園芸植物の発達は、自然界から観賞に値する植物を見つけ出すことから始まったと述べた。次の段階は、栽培中に偶然生じた雑種や奇形などの変わりものを選択して、株分けし、これを流布する。これを園芸化の第二段階とすれば、第三段階は人工的に異なる種や異なる系統間の交配を行って、自然には存在しないまったく新しい植物を生み出す段階といえる。

一八六七年

バラの園芸化の歴史を辿るとき、ここにいう一八六七年も実に重要な意味をもつ。すなわち、一八六七年という年は後に述べる、最初のハイブリッド・ティー・ローズ（Hybrid Tea Rose）とされる〈ラ・フランス〉（La France ※七二ページ⑬）が登場した記念すべき年というわけである。なぜオールド・ガーデン・ローズとモダーン・ガーデン・ローズの境界をハーストが主張した一八〇〇年ではなく、一八六七年とするかは、「ノワゼット」や「ブルボン」の登場ではなく、最初のハイブリッド・ティー・ローズ〈ラ・フランス〉の誕生を重視しているからである。つまり、〈ラ・フランス〉こそはバラの園芸化における第三段階に当たる、人工交配が生んだ最初の園芸品種だという見方である。

ハイブリッド・ティー・ローズは、コウシンバラとローザ・ギガンテア（*Rosa gigantea*）の交配に由来する雑種のティー・ローズ（Tea Rose）と、コウシンバラ、ローザ・ガリカ、ダマスクバラ、キャベジ・ローズという四つの異系統の交配に由来するハイブリッド・パーペチュアル（Hybrid Perpetual）とのかけ合わせによるものである。人工種という意味で、園芸化の第三段階の出発点としては、偶発的に生じたと考えられなくもない「ブルボン」や「ノワゼット」を採るよりも説得力がある。私も一八六七年をモダーン・ガーデン・ローズの出発年とする説に従って本書を記述することにしたい。

ところで、一八六七年は日本の年号でいうならば、慶応三年であり、明治維新の前年である。古い話といえばそのとおりだが、モダーン・ガーデン・ローズの歩みがほぼ明治維新からというのは、実に新しいともいえる。明治維新前までのバラは、後のモダーン・ガーデン・ローズの作出の基礎となった、という意味で忘れることのできない重みを担っている。オールド・ガーデン・ローズは、バラの園芸化が辿った歴史の一齣《ひとこま》を飾る産物といえなくもない。しかし、オールド・ガーデン・ローズは完全に絶滅したのではなく、オールド・ガーデン・ローズだけを集めた専門のバラ園や愛好家によって、かなりの園芸品種は今日も栽培され続け、生き残っている。バラの愛好家の中にはあまりにも人間本位の所産である現代の園芸品種のバラよりも、かつてのオールド・ガーデン・ローズにただならぬ関心を寄せている人も少なくないことをここに記しておこう。

グループとは

先の全米バラ協会の定義での「グループ」の意味は説明を要しよう。ヴィルヘルム・コルデス（Wilhelm Kordes）が一九五二年に作出したローザ・ガリカの園芸品種〈スカーレット・ファイア〉(Scarlet Fire ※七二ページ⑭)のように、園芸品種そのものは一八六七年以降に登場した場合でも、ローザ・ガリカというグループ(この場合は、植物学上の種に当たる)そのものの存在が一八六七年以前から知られているものならば、それはオールド・ガーデン・ローズに入るということをいっているのである。

つまり、ここでいうグループとは、実際の園芸品種が分類される植物学上の「種」や「変種」、あるいは「園芸品種群形成の出発点となった種間雑種」のことを指している。

本書で用いる「園芸品種」の語は、一般には「栽培品種」と呼ばれる。そして栽培品種の名称は、栽培植物の命名と運用を定めた「国際栽培植物命名規約」で定められている。一九九四年以前には、栽培植物であることを示すために、cultivated plants の略である cv. の記号を語頭に用いる表記が広く行われていたが、現行の規約(二〇一六年出版、第九版)では、このような表記法を認めていない。しかし、未だ世界の植物園等でラベルにこの略号が使用されている。また、種の学名はイタリック体で表記されることが多いが、その場合でも栽培品種名は立体表記とし、語頭は大文字とし、一重の引用符で括《くく》る。しかし、本書では縦書きでもあり、便宜的に〈 〉で示すことにした。グループ名は特に断らない場合は、ローザ・ガリカやダマスクバラのように表記するが、特に注意する必要がある場合は、「ダマスクバラ」のように、「 」を用いた。

⑩ ローザ・オドラータ

⑪ ローザ・フェティダ

⑫ ‘キャベジ・ローズ’

⑬ ‘ラ・フランス’

⑭ ‘スカーレット・ファイア’

⑮ デューク・オブ・エディンバラ

⑯ ローザ・ピンピネリフォリア

⑰ ローザ・ガリカ‘オフィキナリス’

⑱ ローザ・アルバ‘セミプレナ’

オールド対モダーン

いま述べたように、オールド・ガーデン・ローズとモダーン・ガーデン・ローズは単に作出年代が違うだけではない。作出の方法を異にするこの二つの園芸のバラを専門家や愛好家は別ジャンルのバラと見なしているのである。繰り返すが、ハイブリッド・ティー・ローズの誕生以後に登場したグループがモダーン・ガーデン・ローズであり、それ以前のグループがオールド・ガーデン・ローズである。これを技術的な面からいえば、モダーン・ガーデン・ローズとは、その由来がそもそも雑種であるバラ同士をかけ合わせてハイブリッド・ティー・ローズが誕生したように、積極的に異種間・異品種間の交配を行う技術が確立してから以降に登場した園芸植物であるということができる。対するオールド・ガーデン・ローズは、野生種そのものや、自然に生じた突然変異、自然雑種、枝変わりなどを中核として生み出された園芸植物なのだ。オールド・ガーデン・ローズのグループを以下に記しておこう。

・ローザ・ガリカ
・ダマスクバラ
・ローザ・アルバ
・キャベジ・ローズ
・モス・ローズ（Moss Rose）
・コウシンバラ

・ブルボンおよびポートランド（Portland）
・ノワゼット
・ティー・ローズ（一八三三年）
・ブールサール（Boursault 一八二〇年）
・ローザ・フェティダ雑種群（一八三七年）
・ハイブリッド・パーペチュアル　例：デューク・オブ・エディンバラ（Duke of Edinburgh ※七二ページ⑮）
・ローザ・ピンピネリフォリア（*Rosa pimpinellifolia* ※七二ページ⑯）

このオールド・ガーデン・ローズに含まれないグループには、一八六七年に創出されたハイブリッド・ティー・ローズをはじめ、グランディフロラ（Grandiflora）、ペルネティアナ（Pernetiana）、ハイブリッド・ムスク（Hybrid Musk）、ローザ・ルビギノーサ雑種群（*Rosa rubiginosa* hybrid）、ハマナス雑種群（*Rosa rugosa* hybrid）、ハイブリッド・ポリアンサ（Hybrid Polyantha ノイバラ雑種群）、ハイブリッド・ウィクライアナ（Hybrid Wichuraiana テリハノイバラ雑種群）などが入る。

これらのグループについては、第七章「モダーン・ガーデン・ローズの黎明期」の章でふれることにして、まずオールド・ガーデン・ローズの中でもコウシンバラ導入以前にヨーロッパで栽培されていた四つのバラを次章で検討してみたい。

第六章　オールド・ガーデン・ローズ

ヨーロッパで一九世紀初頭に栽培されていたバラは、わずかに四種だったということはすでに述べた。その四種、ローザ・ガリカ、ダマスクバラ、キャベジ・ローズおよびローザ・アルバは、長い栽培の歴史をもっている。つまり、それらは、花を愛でることを目的に植物を栽培する、という園芸植物の誕生の契機となった植物だといってよい。園芸植物の誕生がバラに始まるというには、まだ考証資料が不足するが、この四種は少なくとも、バラの園芸化の兆しに関与したものであることは間違いない。それだけに古い栽培歴をもつ四つのバラそれぞれにまつわるエピソードは他のバラを圧して多い。

ローザ・ガリカ

ローザ・ガリカは、学名を *Rosa gallica*、英名を French rose《フレンチ・ローズ》 または Rose of Provins《ローズ・オブ・プロヴァン》 という（六五ページ①）。学名の種小名《しゅしょうめい》の *gallica* も英名の French もともにフランスの意味で、植物文化史に造詣の深かった春山行夫はこれに「フランスバラ」という和名を用いている。

ロー・ザ・ガリカは、高さがせいぜい七〇〜八〇センチメートルにしかならず、枝分かれもまばらで、中程度または小形の低木である。枝には間をおいて大小さまざまの刺がつく。バラとしては刺が目立たず、少ない方であり、鉤状の刺は出さない。葉は皮質で暗みを帯びたオリーヴ色になる。小葉は大きめで、ふつうは五または七枚からなり、腺毛をもち、縁には目立たないが、はっきりとした重鋸歯《じゅうきょし》がある。太めの柄の先に上向きの花をつける。花はふつうは赤だが濃いめのピンクのものもある。萼片のうち、外側の三つには切れ込みがある。バラの花を最も特徴づけているのは花弁である。その花弁は、先端の部分が円みを帯びるか平坦になり、ふつうは凹状に窪まない。

話が少しややこしくなるが、ここで染色体数のことにふれておきたい。染色体とは生物の細胞中の核にあって、遺伝に関係するDNA、塩基性タンパク質であるヒストンなどからできていて、細胞分裂の決まった一時期に、特有のかたちをした一定の数の染色体を観察することができる。そのときの染色体の数をそれぞれの種の染色体数と呼んでいる。ヒトであれば、男であれ女であれ、ふつうは四六本の染色体が観察される。

さて、染色体数からみると、細胞には二種類ある。直接生殖にかかわる生殖細胞と生殖細胞以外の生物体を構築している細胞で、後者を体細胞という。ふつう生殖細胞は体細胞の半分の染色体数をもつ。

前置きが長くなってしまったが、ローザ・ガリカの体細胞は、二八本の染色体をもつ。生殖細胞の染色体数は半分の一四である。

ところで、バラ属の多数の種の染色体を調べた結果、一四が体細胞染色体数としては最小であることが判明した。また、生殖細胞の最小の染色体数は七であった。このような事実などから、バラ属では七本の染色体がひとつの基本的なセット（ゲノム）をつくっていると考えられている。これを一単位として数えると、ローザ・ガリカの体細胞染色体数二八は、七の四倍数である。ゲノムを何組含んでいるかに着目して、四組もつローザ・ガリカのような「種」は四倍体あるいは四倍体種というのである。

バラ属では、野生の種の多くはその半数の一四の染色体数をもち、二倍体である。自然界にも四倍体の種がないわけではないが、バラ属では二倍体の種が多いということをここに付記しておこう。

さて、このローザ・ガリカは種小名が示すようにフランスが原産かというと、そうではなく、原産地は西アジア、おそらくコーカサス地方と推定されている。

バラについてこれまでに書かれた文献には、ローザ・ガリカが、紀元前一二世紀にはメディア（おおむねカスピ海とペルシア湾の間の地方）とペルシアに知られていたという記述がある。文献的にはすでに三〇〇〇年余の長命をもつわけだが、その事実を示す明確な証拠があるわけではなく、私はこの記述は単なる憶測の域を出ないものだと思う。

これまで小アジアや古代ギリシアなどで発掘された宗教上のシンボルや彫刻に用いられる

花飾りであるロゼット文様が、ローザ・ガリカをモティーフとしたものだといわれたことがあった。ロゼットという言葉自体が、バラをさすラテン語の Rosa に縮小語尾を付けてつくられているくらいだから、その語がつくられた当時はロゼットがバラと大いに関係があると見られていたのだろう。

しかし、今日ではロゼット文様は、ローザ・ガリカばかりか、バラとは無縁なハス（蓮）やシュンギク（ハナシュンギク）をモティーフとしたものだといわれている。私もこの説に賛成である。ハスもシュンギクも小アジアにはふつうで、多数の花びらが重なったこれらの花の造作は八重咲きのバラの花によく似ている。

仏教で用いる蓮華や蓮台もロゼットと類似したかたちをもっていることは興味深い。八重咲きの品種のように多数の花弁が重なり合うハスも古代エジプトでは神聖な花として認識され、墳墓などにも描かれてきた。八重咲き型の花への憧れは、太古の人類にさかのぼりうるのではないか。それは人類のもつ一種の共通の嗜好なのかも知れない。

このように古代のシンボルや彫刻がバラではなくハスやキクだったとしても、ローザ・ガリカがヨーロッパ全土で古くから栽培されてきたという可能性がすべて失われてしまうわけではない。ローザ・ガリカは、古くから香水用に栽培されてきたと考えられるからである。

紀元七七年に出たプリニウスの『博物誌』に燃えるような赤いバラの記述があったことを述べたが覚えておられるだろうか（四六ページ参照）。この赤いバラが消去法でいくとローザ・ガリカ以外には考えられないのである。紀元前一二世紀から存在していたといわれている本種にしてみれば、ローマ時代に存在したとしても別に驚きに値することではないのかも知れない。でもこれが本当にローザ・ガリカであるなら、ローザ・ガリカの系統の古さを示すうえで重要な証拠となる。なぜなら、いまだにローザ・ガリカが本当にこんなに古くから存在したことを直接に証明する確かな証拠はほとんどないからである。

バラ水のバラ

ここでローザ・ガリカに関係する確実な記述を追ってみよう。真にこのバラと特定できる記述がたいへんに少なく、あってもそれがローザ・ガリカかどうか判断しようのない場合が圧倒的に多い。そのために私たちは、紀元一世紀から一気に一三世紀に飛ばなければならない。一〇世紀以上に及ぶ空白の不気味さを味わいつつも、確かな証拠を求めて行きついたところは一三世紀だったというのが現実である。

ローザ・ガリカに「薬剤師のバラ」（Apothecary's rose）と呼ばれる一型がある。この「薬剤師のバラ」はローザ・ガリカの変種ローザ・ガリカオフィキナリス（*Rosa gallica* var. *officinalis* ※七二ページ⑰）で、単弁で赤色の花をもち、一三世紀から一八世紀にかけて、パリの南郊外のプロヴァン（Provins）でバラ水用に栽培されていたという、確かな記録に出会う。このバラ水作りのピークは一七世紀で、プロヴァンでは相当量の「薬剤師のバラ」が栽培されていた。ちなみに、この赤で単弁の「薬剤師のバラ」はイギリスのバラ戦争で有名な、ランカスター家の赤いバラでもあった。

話は少しかわるが、植物学は医学・薬学と同根の学問であり、お互いの関連も深い。医学といっても初めは病気を治す薬を調合し、投与することが主体だったので、薬のおおもとになる植物について研究する学問（本草学）が医学の本道であった。ルネサンス時代に、有用・無用にかかわらずすべての植物を対象に研究する植物学が誕生したが、そのはるか以前から、医学・薬学として植物学の知識が蓄えられていたのだった。

それがルネサンスの期間に、本草学から植物学、薬草園から植物園への転換を遂げるわけだが、園芸趣味やこれを背景とした園芸学もこの時代に萌芽期を迎える。といっても今日素人でもできる異種間のかけ合わせ（雑種）の技術などはほとんど未開発であった。自然界から観賞に値する植物を探し出し、それを繁殖させることが精一杯だった。

こうした医学・薬学・植物学、そして園芸学が未分化な状況にあった時代を代表する著作として、一六世紀後半のイギリスの医者であり庭園師でもあったジョン・ジェラード(John Gerard)の『本草学』(*The Herbal*, 1597)を開いてみよう。バラもちゃんと登場する。しかも、その画はなかなか正確であり、特徴もかなり捉えられている。この書に載っているヴェルヴェット・ローズ(Velvet rose)は、どう見てもローザ・ガリカ以外のバラとは考えにくく、しかもそれは、今日〈トスカニー〉(Tuscany)として知られている園芸品種である可能性がきわめて高い。

　この画から私たちは少なくとも一六世紀末にはローザ・ガリカがヨーロッパに存在したことを知るのである。百聞は一見にしかずとか、一目瞭然という言葉があるが、種類が違ってもお互いによく似たバラを文字による記述の中からローザ・ガリカと特定するのは至難の業である。この点で植物画は事実を知るうえでまことに頼もしい証拠物件である。

　ローザ・ガリカが描かれた別の植物図譜を紹介しておこう。それは、歴史に残る植物画譜のひとつである、ニュールンベルクの本草学者で同時に薬剤師でもあったベスラー（Basilius Besler）が一六一三年に出版した『アイヒスタット庭園の植物』（*Hortus Eystettensis* ※図8）である。これは同園で栽培された植物の目録で、同時に丹念に描かれた立派な植物画が挿入されている。この中でローザ・ガリカが、ローザ・プレネスティナ・ウァリエガータ（*Rosa praenestina variegata*）という名前で、特徴がよくわかるように実に巧みに描かれている。

図8　『アイヒスタット庭園の植物』（1613年刊）に描かれた、ローザ・ガリカ（※4点のうち右下の図）

ジョセフィーヌの幸運

デック（G. Diek）という人は、ローザ・ガリカがドイツに入ったのは一九〇〇年だとしている。それほど時代が下ってのことかどうか、私自身は半信半疑でいる。有名なバラの本を書いたクリュスマン（Gerd Krüssmann）によるとオランダでローザ・ガリカが栽培されるようになったのは一六七〇年だそうだ。オランダではこのバラを種子で殖やしたらしい。ヒトでも個人個人が少しずつ違いを有しているように、わずかとはいえ種子ひとつひとつの遺伝的な組成が異なる。そのために種子で繁殖すると、花色などの変異が広がってしまう。したがって均質な状態は保てなかったが、代わりにいろいろな変異株が出現するきっかけとなったのである。昆虫が別の株から運んできた花粉がこうした変異の出現を招く誘引役となった。奇しくも自然状態でいろいろな組み合わせの雑種がつくられたわけだが、栽培されていたバラそのものの種数も園芸品種の数もわずかだったので、生み出された変異も限定的であった。

もしこの時、人間が昆虫に代わって積極的にかけ合わせを行っていたら、バラの園芸化の発展における次段階の到来はずっと早くに起こったにちがいない。人間による人工的交配が行われるにはさらに一〇〇年以上の歳月を必要とするのである。

この人工交配の萌芽期に恵まれたのが、皇帝ナポレオンの妃であったジョセフィーヌ

(Joséphine) である。一八一一年にジョセフィーヌはローザ・ガリカだけで何と一六七もの園芸品種を所有していた。こんなにたくさんの園芸品種を手にすることができたのはもちろん、人工交配という技術をフランスで最初に行ったデスメ (M. Descemet) がいたからである。このころに花粉を別の種や園芸品種にかけ合わせる人工交配の技術がバラに導入され、バラの園芸家は従来にない新しい園芸品種を続々と生み出していくのである。

とはいっても、この時代にはまだノイバラも生きた状態ではヨーロッパには伝わっていなかった。コウシンバラとローザ・ギガンテアの交配によるティー・ローズが一八〇九年に登場したばかりであった。技術も、使える遺伝子資源としてのバラの野生種の導入も、まだ限られていたのである。

二〇〇〇を超す園芸品種

当時の人々のバラに寄せる情熱のすさまじいことには驚くほかない。ティー・ローズ誕生のおよそ四〇年後の一八四八年に、一九世紀のイギリスの偉大なバラの園芸家であるウィリアム・ポール (William Paul) が出版した『バラの庭園』(*The Rose Garden*) という本では、ローザ・ガリカだけで何と四七一の変種 (これは今日でいう園芸品種の意) と五二の雑種が記載されているのである。驚くべき数字だが、実はフランスだけで園芸品種の数は二〇〇〇近くあったともいわれている。そのうちの約五〇〇が、一八四五年に作出されたピンクと白の縞模様の花弁をもつ〈ラ・ルバネ〉(La Rubanée)から作出されたものだという。

こうした輝かしい歴史にいろどられたローザ・ガリカを、過去のバラといってしまうには語弊がある。モダーン・ガーデン・ローズの第一人者であるドイツのヴィルヘルム・コルデスはローザ・ガリカに愛着を抱いていたようだ。ローザ・ガリカの〈ポインセッティア〉(Poinsettia)と〈アリカ〉(Alika)の交配により、一九五二年には、〈シャルラッハグルート〉(Scharlachglut)、英語圏では〈スカーレット・ファイア※七二ページ⑭〉という、烈火のような真紅でありながら、清楚感も保たれた、すぐれた園芸品種を作出した。

ローザ・ガリカは、すでに記したようにランカスター家の赤いバラでもあり、「薬剤師のバラ」を代表格にオールド・ガーデン・ローズのなかではよく知られたバラである。古くからバラ水の原料となったバラでもある。証拠がないとはいえ、ローマ時代にダマスクバラとともに広く栽培されていたバラのひとつがローザ・ガリカである可能性は高い。丈夫なバラであり、中世も修道院の庭などで細々と生き残っていたことも考えられる。それがルネサンスで復活したと推測できなくもない。ローザ・ガリカは、コウシンバラとともに、今日のハイブリッド・ティー・ローズの作出にも深くかかわっている。バラの中のバラといっても過言ではあるまい。

ダマスクバラ

ダマスクバラは学名をRosa damascena《ローザ・ダマスケーナ》、英名をDamask roseという（六五ページ③）。本書ではダマスクバラと呼ぶことにするが、ダマスク・ローズという用い方もされる。

ダマスクバラには一季咲きのサマー・ダマスクのほか、秋に返り咲くオータム・ダマスクといわれている系統がある。ともに四倍体で、体細胞は二八本の染色体をもつ。一季咲きの系統はローザ・ガリカとフェニキアバラ（Rosa phoenicia）、他方はローザ・ガリカとローザ・モスカータの雑種に、それぞれ由来すると考えられている。どこで、いつ、そのような自然雑種ができたのかはわかっていない。特に断ることがない場合、本書ではダマスクバラの名前は一季咲きのサマー・ダマスクの系統のみに用いることにする。

多くのバラ学者はダマスクバラの名前がシリアの首都ダマスクスから来たと信じているが、現代イギリスのバラ研究の第一人者であるグラハム・トーマス（Graham Thomas）はダマスクバラの名前と地名のダマスクスとは無関係で、この名前はたぶん高価な紋織物の一種であるダマスコ織に関係していると書いている。

アメリカのハンブリン（S. F. Hamblin）は、一九六五年に出版した『現代バラの歴史』（History of the Modern Rose）で、ダマスクバラが最初ペルシアからもたらされたと述べている。それが後にダマスクスに伝わり、ヨーロッパには一二五四年から一二七〇年の間に十字軍に加わったフランスのロベール・ド・ブリー（Robert de Brie）が持ち帰って、シャンパーニュの自分の城に植えたものから、フランス全土に広がっていったとしている。

バラの来歴を辿るとき思い出されるのが一九六〇年に「ハイブリッド・ティー・ローズの歴史」という論文を著した、ヤング（N. Young）の言葉である。彼はモダーン・ガーデン・ローズでさえ、初期のものとなると、記録類の七五パーセントはいわゆる「お話」であり、二〇パーセントは憶測というよりも偏見や脚色であり、事実といえるものはわずか五パーセントに過ぎないという（*The Complete Rosarian* による）。人々に愛好されてやまないバラゆえのことなのだろうが、このヤングの一言は、ことに園芸バラについて信憑性に欠ける資料や記録があまりにも多過ぎる文献の洪水の中から、歴史的事実を発見することのむずかしさが並大抵のものではないことを伝えて妙である。

こう書いた後で気がひけるが、事実かどうか確かめようのないお話を少し紹介させてもらおう。ダマスクバラはふつう八重咲きである。ハーストがクノッソス宮殿に描かれたバラとして考えたローザ・リカルディこそが単弁のダマスクバラなのではないかと考えられている。このバラはフランスの著名な植物学者リシャール（A. Richard）により、エティオピアの聖地の内庭で発見され、一八四八年にリシャールにより聖なるバラの意味をもつローザ・サンクタ（*Rosa sancta*）と名付けられた。しかし、この学名には先に発表された同名異種があることがわかり、ベルギーのバラ学者クレパン（F. Crépin）がリシャールを記念して、ローザ・リカルディと再命名したのである。エティオピアにはローザ・アビシニカ（*Rosa abyssinica*）も分布する。だからダマスクバラの起源はエティオピアと推測してもよいのかも知れない。だが、ハーストはそうは考えなかった。そこがいかにもハーストらしいのだが、彼はこのバラは聖フルメンティウスによって四世紀に派遣されたキリスト教使節が小アジアから持ち帰ったものではないかと考えたのである。それがどうしてエティオピアにあるのかというと、フルメンティウス自身が紅海で海賊に捕えられ、当時のエティオピアの首都であったアクセムにもたらされたのだという。

さて、ダマスクバラが最初ペルシアから来たというのはどんな根拠からなのか。数々のストーリーはあるのだが、結局のところ私はそのいずれにも確かな根拠を見出すことができなかった。その存在が文献からかなりの確かさをもって推測されるようになるのは何と一五世紀になってからのことである。

ここでダマスクバラの特徴を記しておくことにしよう。ダマスクバラはローザ・ガリカよりも大きくなる。高さは一・五〜二・四メートルになり、枝はたわみ、よじ登る。大小の鉤状の刺がたくさんあり、枝が他の物に取り付くのを助けている。葉は柔らかで、裏面に毛が散生している。

花は集散《しゅうさん》状の花序にたくさんつき、しかも一度に多くの花が咲く。花は垂れ下がる。萼片には切れ込みが入る。花弁は花の内側のものよりは外側のものが明らかに長く、ピンクまたは白色で、ローザ・ガリカに現れる紅紫色や褐色を帯びた赤は見られない。また、ローザ・

ガリカが花弁の先が円みを帯びるか平坦であったのに対して、ダマスクバラの方はふつう凹形になる。芳香ははじめあまりないが最盛期は強烈である。果実は細長い。

ダマスクバラには、ローザ・ガリカには見られないつる性や多花性、白系統の花色が現れる。これらの性質はノイバラに通じるところがあるが、ノイバラと近いローザ・モスカータやフェニキアバラとの交配によって発現した属性といえる。ローマ時代に盛んにダマスクバラが栽培されていたとなると、その片親であるローザ・ガリカが存在していなくてはおかしい。これは、間接的とはいえ、ローザ・ガリカが古い来歴のバラであることの証拠といえる。

バラ戦争

バラの名前との結びつきで、多くの人が記憶している戦争といえば、一四五五年から一四八五年にかけて起こったイギリスのバラ戦争である。これはヨーク家とランカスター家の骨肉の争いと思えなくもない。

ところで、バラの交配が盛んになるまでは、赤と白のツートンカラーのダマスクバラが名高かった。このバラは実際にバラ戦争の当事者である白バラのヨーク家と赤いバラのランカスター家が結びついた印象を与えたようで、「ヨーク・アンド・ランカスター」と俗称された。この、中間色を挟んで赤（といっても実際は濃いめのピンクではなかったかと思われる）と白に染め分けられたダマスクバラは学名を *Rosa damascena* var. *versicolor* といい、一五五一年にスペインの本草学者モナルデス（N. Monardes）によってはじめて記載されている。先のグラハム・トーマスはこの「ヨーク・アンド・ランカスター」はダマスクバラの変種トリギンティペタラ（*Rosa damascena* var. *trigintipetala*）の系統に属するものであると推定している。このバラは古くからブルガリアでバラ油採取のために栽培されていた。

イギリスにダマスクバラが入ったのはいつごろかというと、ヘンリー七世とヘンリー八世の侍医だったトーマス・リナカー（Thomas Linacre）博士が一五二〇年にイタリアから移入したという記録があり、これが最も古い。

イタリアではかなり前から栽培されているということを有名な本草学者であるピエトロ・マティオリ（Pietro Mattioli）が『デ・マテリア・メディカ覚書』（*Commentari, in libros sex Pedacii Dioscoridis Anazarbei*）で一五五四年に書いている。

マルメゾン庭園のダマスクバラ

ダマスクバラは一九世紀にはヨーロッパ各地でかなり栽培されていたらしく、一八一三年にジョセフィーヌ妃のマルメゾン庭園で〈マリー・ルイーズ〉（Marie Louise）という深いピンク色の園芸品種が誕生している。これはダマスクバラの園芸品種としてはごく早期に登場したものといえる。また、一八二七年にはイギリスで濃いめのピンクの花色をもつ〈レダ〉(Leda)が作出された。純白の園芸品種としては、〈マダム・ハーディー〉(Mme Hardy)が有名で、これは一八三二年に登場する。

しかし、改良が加えられていない初期のダマスクバラが、いまも栽培されているかどうか？　これがそうだとはっきりいえるものは現存しないのではないかと思われてきた。ところがイギリスのBBCで放映された番組「バラを訪ねて」は、園芸家として著名なロジャー・フィリップス(Roger Phillips)とマーティン・リックス(Martyn Rix)が担当した良質の番組だったが、それには原種に当たると思われるダマスクバラが映し出されていた。この番組に用いた映像資料は、後に『バラを求めて』(*The Quest for the Rose*)という題の一冊の本にまとめられたが、そのバラもこの本に収められている。

ヨーロッパは広い。地方の農家や修道院などの庭を丹念に探しまわれば、まだどこかに原種に近いダマスクバラの別の園芸品種が細々と生き残っている可能性がないとはいい切れない。

秋に返り咲くダマスクバラ

ここで古くから存在するとされてきた秋に一度返り咲くダマスクバラ、すなわちオータム・ダマスクについてふれておかねばならないだろう。その前にオータム・ダマスクに言及する意味がどこにあるのかという疑問に答えておこう。それは、現在私たちがふつうに目にする秋咲きのバラや四季咲きの園芸バラは、中国産のコウシンバラがヨーロッパに移入されるまで、かつてイタリアや北アフリカに存在したというこのオータム・ダマスクしか、ヨーロッパには知られていなかったのである。これがオータム・ダマスクがバラ学者に注目される大きな理由である。

紀元前五〇年ごろに、有名なローマの詩人ウェルギリウス（Publius Vergilius Maro）は、二度の春を迎えるバラについて詠んでいる。また、そのおよそ一二五年後に『博物誌』の著者、プリニウスは北アフリカにあるかつてのギリシアの植民地、キレナイカ（キレネ）の二度咲きのバラのことを書いている。彼はまた、このバラは他のどれよりも強い香りをもつとしている。また、カルタゴのバラも春と秋に咲くと記している。

しかし、今日ではウェルギリウスとプリニウスが記述したバラは同じものではないと理解されている。ウェルギリウスが書き留めているバラこそがほんもののオータム・ダマスクで、すでに述べた古代ローマの有名なバラ栽培の中心地ペストゥムの地名を冠した「ペストゥムのバラ」あるいは「ポンペイのバラ」ともいわれるオータム・ダマスクと同一のものと解されている。

オータム・ダマスクはローザ・ビフェラとして、サマー・ダマスクからは分類学的に別種として区別されることもある。しかし、オータム・ダマスクは、外形はサマー・ダマスクによく似ていて開花期の違いのほかははっきりと区別できない。それゆえに、両者を同一種の変種とする見解もある。だが、オータム・ダマスクはローザ・モスカータとローザ・ガリカの交雑に由来すると推定されている。その推定が正しければ、片親がダマスクバラ（サマー・ダマスク）とは違うオータム・ダマスクすなわちローザ・ビフェラを、サマー・ダマスクとは別の「種」（この場合は雑種起源だが）として扱うという考え方は誤りではない。開花期が異なるだけで、外形では区別できないという点は腑に落ちないが、実物を確かめるすべがない以上どうしようもない。

ところで、北アフリカではダマスクバラを栽培すると一月から二月、七月から八月の二回休眠するが、開花期は通年に及ぶという。他のバラではそういうことはないらしい。プリニウスの書いている二度咲きというのはこの休眠期をはさむ前後を捉えての表現で、それは本当の意味での秋になっての返り咲きではない。したがって、そのバラは真正のダマスクバラ（サマー・ダマスク）にほかならないと今日の多くのバラ研究者は捉えている。私はアラビア半島のファイファという地方でダマスクバラを見た。サウディ・アラビアでは乾燥させたバラの花は香料として重要で、スーク（市場）でもよく売られている。私の見たダマスクバラは、ピンク色の八重咲き園芸品種で、その芳香は五メートルも離れたところからでも感知できるものであった。ここではダマスクバラは真夏と真冬以外通年花をつけるという。このことは北アフリカでの観察と一致する。

秋に咲くダマスクバラの再来

一八一二年になって再度秋に咲くダマスクバラが登場した。こちらは、ダマスクバラとコウシンバラの交配によるものと考えられるから、ウェルギリウスが書き留めた「ペストゥムのバラ」とは別物である。一九世紀になって「オータム・ダマスク」と称されるバラの園芸品種が急増する。ウィリアム・ポールが一八四八年に出したカタログには一〇〇を超える園芸品種名が載っている。そのいずれもが真の「オータム・ダマスク」ではないと私は考えている。結局、「オータム・ダマスク」、すなわちローザ・ビフェラは正体不明のまま消滅してしまい、わずかな記録だけが残されてしまった幻のバラということができる。文献に登場するだけのバラへの言及はもう十分であろう。

ローザ・アルバ

ローザ・アルバは学名を *Rosa alba* という。アルバは白いという意味で、英名は白いバラを意味する White rose《ホワイト・ローズ》である。シロバラと訳したいところだが、そうするとしまいには花さえ白色なら、すべてシロバラと呼ばれかねないので、やめておいた方がよさそうである。本書では学名を音読したローザ・アルバで通すことにする。

ローザ・アルバは自然界に存在しない純然たる園芸種で、ローザ・コリンビフェラ（*Rosa corymbifera*）あるいはダマスクバラとイヌバラが交雑して出来上がったものと推定される。ローザ・アルバは六倍体であるが、片親とされるイヌバラは五倍体で体細胞は三五本の染色体をもつ。イヌバラとその近縁種（イヌバラ節）のバラは、種子をつくる過程が通常の植物とは異なり、花粉親の遺伝的影響を受けずに種子を生むケースが多い。五倍体のイヌバラと他種との交配で六倍体のローザ・アルバが生まれる過程は単純ではないが、不可能ではない。しかし、それはまだ検証されるまでには至っていない。このような植物学的な問題点から、私はローザ・アルバがローザ・コリンビフェラあるいはダマスクバラとイヌバラの雑種に由来するという説に疑問を抱いているが、この問題にこれ以上立ち入ることはしない。

さて、いつごろからこのバラが知られていたのか、例によってそれは定かではないが、少なくとも二〇〇〇年前の古代ローマに栽培されていた白いバラというのは、このローザ・アルバであったと考えられている。

ローザ・アルバは高さ一・八メートルから二・五メートルに育ち、枝分かれもなく、株元に足を踏み入れることができないほどに密生する。垂れ下がるようにつく大きめで青みの強い葉も印象的である。

花は強い芳香をもち、乳白色で、園芸品種においてはときに淡いピンク色を帯びることがある。花弁はゆるめに配置し、半八重のものが多い。また、花弁の先端は多少とも窪みがちになる。したがって、花のかたちはローザ・ガリカよりもダマスクバラに似ている。花後にはよく結実し、滑らかで細長い深紅の果実がたくさんできる。受精を経ることなく種子を生産していることがこの実つきのよさの理由であろう。

先にもふれたように、このバラの登場は古い。中世には相当広く栽培されていたようで、特に半八重咲きの「セミプレナ」(*Rosa alba* f. *semiplena* ※七二ページ⑱)という品種は中世のいろいろな絵画に描かれている(学名中のf.はformaの略で品種を表す種内分類のひとつ。変種var. = varietasよりもわずかな違いで区別される)。一三世紀の著名な本草学者である、アルベルトゥス・マグヌス(Arbertus Magnus)もこの白いバラについて言及している。イタリアの農事家であるクレスケンティウス(Crescentius)は、一三〇七年にこのバラを垣根に推す記事を残している。

私たちの記憶の中で、このバラと最も強く結びついているのは、先述したイギリスのバラ戦争だろう。ヨーク家の表象として用いられたのがこの白いバラであって、ランカスター家の赤いバラ(これはローザ・ガリカといわれている)と対峙していたとされている。

だが、歴史に残るヨーク家の白いバラがここでいうローザ・アルバだとする根拠は本当のところ乏しい。当時、これがイギリスで確実に栽培されていたことを裏付ける証拠の存在さえも疑わしいからだ。

一九三一年に、『バラ年報』(*Rose Annual*)でノーマン・ランバート(Norman Lambert)は、ヨーク家の白いバラは、ヨーロッパ北部に広く野生するローザ・アルウェンシス(*Rosa arvensis*)だと考えられると書いている。

私には、どちらの説が正しいか、判断のしようがない。非科学的な話だが心情としてランバート説が何となく自然なような気がする。

ボッティチェルリの『ヴィーナス誕生』のバラ

日本でもよく知られた画家ルーカス・クラナッハ（Lukas Cranach）は一六世紀はじめに、聖ドロテアを描いたと思われる有名な絵を残しているが、その画中のバスケットには白いバラが描かれている。これはローザ・アルバだと考えられる。絵画といえばクラナッハよりもさらによく知られている絵にボッティチェルリ（Sandro Botticelli）の『ヴィーナス誕生』（図9）がある。この作品もバラと深い関係のある絵のひとつとして有名で、その白いバラは、先に述べたローザ・アルバの品種セミプレナにほかならない。ヴィーナスが海から誕生したとき、一番先に咲いた花はバラであったという伝説を表した『ヴィーナス誕生』は、この作品が描かれた時代の人々のバラに寄せる心理を伝えるものであろう。

一六世紀のルネサンス期の画家はバラの花をよく描いた。バラはルネサンスのシンボルの花といってもよいほどである。その描写はおしなべて正確であり、葉の色彩、つき方、花色と花のかたちなどから、それが何のバラを描いたのかを比較的容易に推定することができる。この時期の絵画はバラの登場の歴史や栽培の歴史を辿るうえでも、重要な情報を私たちに提供してくれるのである。こうした画家たちの描いた芸術作品の中にしばしば登場するローザ・アルバは、当時かなりふつうに栽培されていたバラと考えることができる。

先ほどローザ・アルバが花に強い芳香をもつことを書いたが、一七五〇年にブルガリアではダマスクバラと並びバラ水用にこの白バラを用いたことが記録に出てくる。

〈ジャンヌ・ダルク〉

ローザ・アルバにも園芸品種は多い。しかし、それを歴史的に辿ると意外に初期の記録が少ない。いずれも一九世紀に入ってからのもので、一八一八年に作出されたピンクの花色をもつ〈ジャンヌ・ダルク〉(Jeanne d'Arc)が初期のものとしては名高い。

図9　ボッティチェルリの『ヴィーナス誕生』(部分)に描かれた白バラ

一八三五年にはローザ・アルバとローザ・モスカータとの交配が行われ、〈マダム・プラティエ〉(Mme Platier)という純白品種が作られている。白色の八重咲きの園芸品種に一八七六年に作出された名高い〈パンパン・ブラン・パルフェ〉(Pompon Blanc Parfait ※一二五ページ⑲)がある。

ローザ・アルバは第七章の図13(一二七ページ)に示すように、現代の主要な園芸バラ誕生の系譜からみると主役にはなっていない。主として、新しい園芸品種を創出する際の異種間交配に花粉親としてさまざまに用いられる程度で、ローザ・アルバを母性とする系譜は認められていない。

キャベジ・ローズあるいはセンティフォリア

このバラは学名を *Rosa centifolia* という。国際的な植物の命名規約では、学名はラテン語として扱うことが定められており、本書でもこれに従っている。そのため三六ページでは、学名としての *centifolia* はケンティフォリアと表記したが、英名の Centifolia の方はセンティフォリアとした。別名をキャベジ・ローズ（Cabbage rose ※七二ページ⑫）という、プロヴァンス・ローズ（Provance rose）という名前で呼ばれることもある。

このバラの実体については、議論百出の観がある。よくわからないバラといってしまえばそれまでだが、論争の的になっているのは、テオフラストスや、ヘロドトス、それにプリニウスの記述にある一〇〇の花弁をもつバラと、一五世紀以降に記録されるセンティフォリアが同じものか別のものなのかという点である。

来歴の問題については、すでにハーストの見解を紹介した。私もこのバラがオールド・ガーデン・ローズとしては新しい部類に入るもので、一五世紀末にオランダに生まれた新しい園芸バラと考える見解を支持している。

この考え方に沿って、このバラの歴史を眺めてみよう。

キャベジ・ローズは四倍体であり、体細胞は二八の染色体をもつ。このことはこのバラが天然には存在せず、交配を通して人工的に作出されたものである可能性を示唆する。また、一〇〇枚は大げさとしても自然界にかくも多数の花弁からなる八重咲きの野生種があるとは信じにくい。

キャベジ・ローズはハイブリッド・パーペチュアルという、バラの園芸史上、重要なバラの作出に欠かせなかったバラである。にもかかわらず、その由来が定かでない。それは、八重咲き大輪であることで人目を惹くものの、他の点でどの親と血縁のあるものかを断じることがきわめてむずかしいからであろう。このことは他のバラ園芸種についてもいえることである。キャベジ・ローズは、バラの両親探しの困難な現状をはからずも露呈させてしまったといえる。

ではなぜ両親探しがむずかしいのか。ひとつは技術的な問題である。しかし、両親探しはDNAという、細胞の中の核や葉緑体などに存在して生物の遺伝情報を保有する物質を用いる新たな解析方法の進展によって、やがてある程度は解明されるとみてよい。しかし、そうした技術以上に大きな問題は、両親種に比定されるローザ・ガリカ（四倍体）、ダマスクバラ（四倍体）、ローザ・アルバ（六倍体）が、そもそも雑種起源であると推定されるお互いの類縁関係がたいへん近いバラであり、それらが複雑に関係してできた雑種ということになると、両親を識別するということ自体、本質的に不可能に近いことだからだ。

現在、支持されているキャベジ・ローズの来歴説は、ゴードン・ローレイ（Gordon D. Rowley）とハーストによるもので、ローザ・モスカータ（二倍体）とローザ・ガリカが交雑してできた秋咲きダマスクバラであるローザ・ビフェラという四倍体とローザ・アルバがさらに交雑したというものである。別の見解として、ローザ・モスカータとローザ・ガリカの交配から生まれたのがダマスクバラであり、キャベジ・ローズはこの交配系統から直接由来しているというものである。ローレイとハーストの説は染色体数の点でにわかには考えにくい。なぜならローザ・アルバは六倍体であり、その関与のもとに成立した雑種が、片親であるローザ・ビフェラ同様に四倍体というのは、よほど特殊な過程を経ない限り生じにくいからである。

ヨーロッパに旅行する機会があると努めて田園地域を訪ね、古いバラの園芸品種を訪ねることにしている。しかし、私はまだ生きたキャベジ・ローズに出会ったことがない。どこぞに生き残っていていてくれることを願わずにはいられない。

第七章　モダーン・ガーデン・ローズの黎明期

バラという、最も濃厚な西欧的イメージの溢れた園芸植物の今日をもたらしたのは、ベンガル・ローズ（Bengal rose）あるいはチャイナ・ローズ（China rose ※一二五ページ⑳）と呼ばれるコウシンバラである。コウシンバラなくして今日の多様なバラは存在しなかった。コウシンバラがあってはじめてバラの現在があるといえるほどに、コウシンバラのもつ性質はそれまでのヨーロッパのバラに一大変革をもたらした。なかでも特に重要な性質はその四季咲きの性質で、コウシンバラとの交配によってはじめて本格的な四季咲きのバラが、ヨーロッパに登場するのである。

コウシンバラとは

中国は野生バラの宝庫でもあるが、そればかりでなく、たいへん古くからバラを観賞してきた歴史をもつ。中国では、ヨーロッパとは別に独自にバラの園芸化が進んでいた。その歴史は数千年に及ぶ。一五世紀に出版された『救荒本草』は、図が特徴をよくとらえていることで有名だが、これにノイバラやナニワイバラ（*Rosa laevigata* 中国名「金桜子」※一二五ページ㉑）の図がある。特にナニワイバラは園芸品種レベルでの識別も行われており、バラへの関心の高さをうかがわせる。そうした中で異種間の交配も進められたと推測される。

中国のバラ園芸で獲得されていった特性のひとつが四季咲きである。中国のバラと交配することで、ヨーロッパの園芸バラに四季咲きの性質を附加することに成功する。このことによって、通年とはいわないまでも、一年のかなりの期間をバラの花とともに過ごすことが可能になったのである。

コウシンバラ（図10※六五ページ④）はいつヨーロッパにもたらされたのだろう。そんなに重要なバラなら、その日時は正確に記録されていると読者は思われるにちがいない。確かに、交配に用いられたコウシンバラについてはかなりの記録が残っている。が、交配の技術が確立する以前のこととなると、それがたとえコウシンバラであっても確かではないのだ。

ヨーロッパと中国は距離的に離れている。ヴァスコ・ダ・ガマ（Vasco da Gama）の喜望峰到達以後は海路を辿って、中国を含む東洋の産物がヨーロッパにもたらされた。とはいえ、アフリカの南端喜望峰を廻る当時の航海では熱帯を二度も越えねばならない。生かしたまま中国の植物をヨーロッパに持ち帰るのはたいへんなことだった。しかし、中国とヨーロッパの間には陸路もあった。すでにシルクロードは廃れたとはいえ、アフリカ南端まで行かずにヨーロッパに文物が運ばれるルートが皆無だったわけではない。こうしたルートによってヨーロッパにもたらされたものは地中海を通り、まずイタリアに行く。

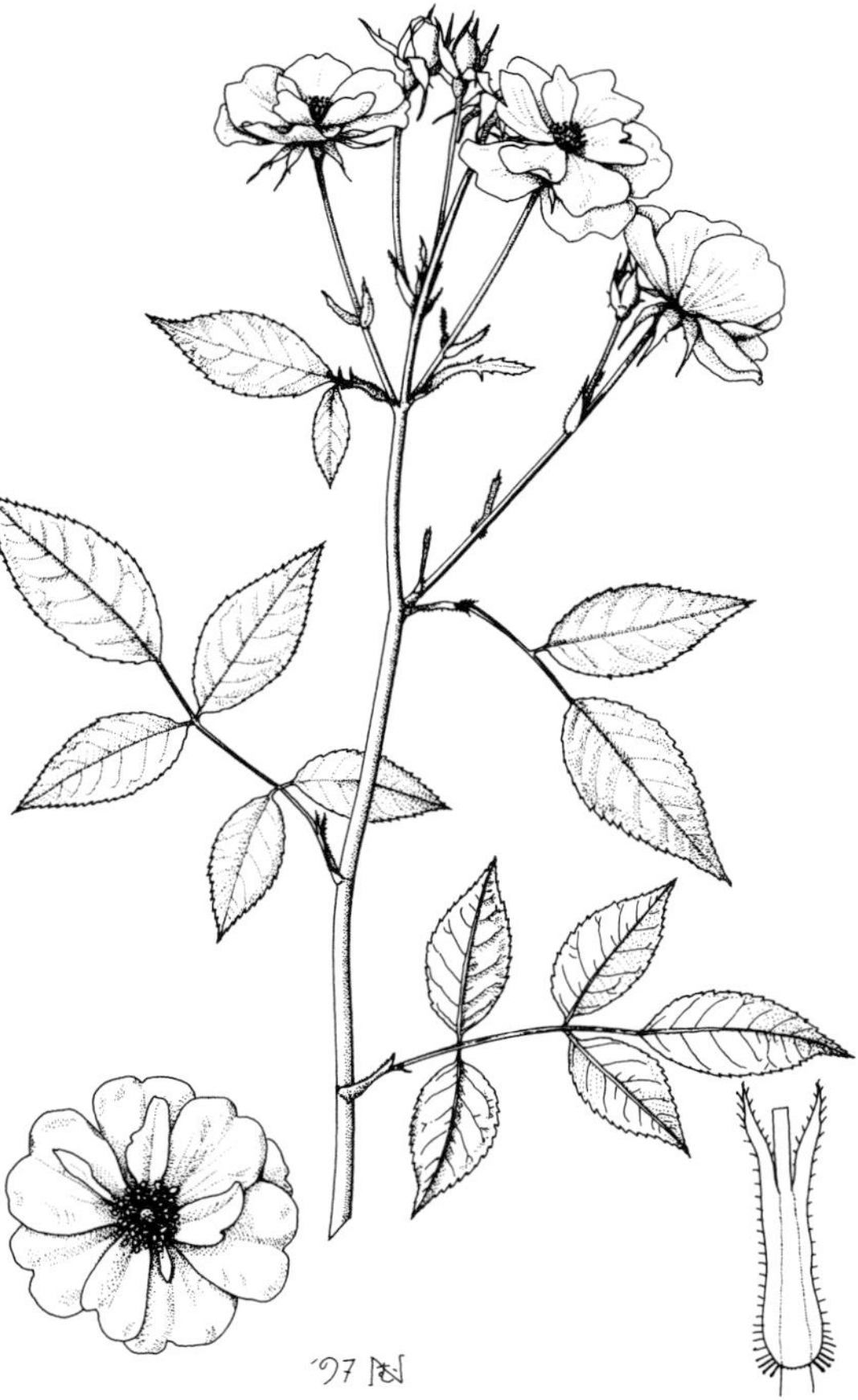

図10　コウシンバラ　*Rosa chinensis*

ハーストの見解

ハーストは、コウシンバラの園芸における重要性を強く主張した張本人であったが、いつコウシンバラがヨーロッパに移入されたのかを明らかにするための努力を惜しまなかった。彼はロンドンのナショナル・ギャラリーに目をつけた。そこで一五二九年ごろに描かれたと考えられるフィレンツェの画家、アンジェロ・ブロンツィノ（Angelo Bronzino）の作品を見つけ出した。それはブロンツィノ六五一という番号が与えられたヴィーナスとキューピッドの絵で、キューピッドが手いっぱいに持っているバラが、コウシンバラのひとつだとハーストは見立てた。

その絵の中のバラはピンクの小さなバラで、「ピンク・チャイナ」（Pink China）と呼ばれる系統のものであり、花弁は透けるような透明感があって、雄しべは内側に曲がり、萼片は反転している。葉は間違いなくピンク・チャイナの特徴をよく表している。

この絵画の中でのバラの発見から、ハーストは、イタリアではすでに一六世紀にはコウシンバラの系統のバラが栽培されていたと考えたのである。ハーストはその傍証として、一五八〇年一一月にイタリアを旅行したフランスの哲学者モンテーニュが、フェラーラのイエズス会の修道院の庭で開花中のバラを見つけ、そこではバラが一年中開花する、といっていることをあげた。

コウシンバラの標本

コウシンバラの実物はというと、かつては大英博物館自然史部門と呼ばれたロンドンの自然史博物館に保管されるフロノウィウス標本の中に「クリムソン・チャイナ」(Crimson China) と呼ばれる系統のバラの標本がある。それはラベルに「Chineesche Eglantier Roosen, 1733」という記載があり、この標本こそはニコラス・ジャカン (Nicolaus Joseph von Jacquin) が一七六八年にローザ・キネンシス (*Rosa chinensis*) という学名とともに発表した図解のもとになったものである。

植物分類学の父と謳われるスウェーデンのカール・リンネ (Carl Linnaeus または von Linné) は、自分の弟子に、世界中の植物学的に未踏の地に出かけ、その植物相を記載する研究を勧めた。これはその当時かなり危険な研究で、何人かがその地で落命した。日本の植物相を最初に集大成したカール・ペーター・ツュンベルク (Carl Peter Thunberg) もリンネの高弟で、師の希望に従って当時、植物学的にはほとんど未知といえた日本へ、将軍徳川家治統治下の安永四 (一七七五) 年にやってきたのである。

話が横道にそれたが、リンネの弟子の一人のペーター・オスベック (Peter Osbeck) は中国の植物を探索した。彼は一七五二年にスウェーデンに帰国しているが、帰国の途中、一七五一年一〇月二九日に広東の税関の庭で、リンネが後にローザ・インディカ (*Rosa *indica* ※一二五ページ㉒）と命名するもとになったバラを発見して持ち帰った。

　スウェーデンでも古い伝統のあるウプサラ大学の医学と博物学の教授であったリンネは、生物学の発達に重要な貢献をなしたことで名高い。そのリンネの収集した標本、なかでも植物は、重要なコレクションであった。なぜならば、世界の植物に通用する新しい分類体系を確立したのがほかならぬリンネであり、その標本は彼の分類体系確立の基礎となったばかりか、多数の唯一無二といえる学名のタイプ標本を含むものであった。

　リンネの死後、その標本は紆余曲折を経て、イギリスに渡ることになった。ダーウィンの進化論が初めて発表されたことでも著名なロンドンのリネアン・ソサエティー（リンネ協会）の創始者であり、初代会長を務めたジェームズ・エドワード・スミス（James Edward Smith）がリンネの標本を購入したのである。それがいま、世界に知られた高級品ショッピング街であるバーリントン・アーケードに隣り合う、バーリントン・ハウスの一画にあるリネアン・ソサエティーに大切に保管されている。

　リンネのコレクションには狭義のコウシンバラである「クリムソン・チャイナ」と、「ピンク・チャイナ」と呼ぶコウシンバラの二系統、さらには「ブラシュ・ティー・チャイナ」（Blush Tea China）および多分コウシンバラとノイバラとの交配株と思われる標本が保管されている。しかし、多様なコウシンバラの変異をわずか数点の標本から正しく捉えることは、リンネといえども難題だった。リンネはジャカンが *Rosa chinensis*《ローザ・チネンシス》 と命名した「クリムソン・チャイナ」は「ピンク・チャイナ」とは別種と考えたのである。そこでリンネはこのバラに *Rosa indica* の学名を与えた。そのタイプ標本となった、オスベックが広東で採集した「ピンク・チャイナ」の標本もそこに保管されている。リンネの記述に従えば「ピンク・チャイナ」はウプサラ大学植物園で栽培されていたという。おそらくそれは一七五二年にオスベックが中国から持ち帰った株から殖《ふや》したものであったろう。

イギリスのコウシンバラ

ロンドン郊外の王立キュー植物園に勤務していたウィリアム・タウンゼント・エイトン（William Townsend Aiton）によると、「ピンク・チャイナ」はフィリップ・ミラー（Philip Miller）によって、一七五九年にイギリスで栽培されていたという。ミラーは当時イギリスの園芸植物界の大御所で、ロンドンの南部にあったチェルシーの植物園で、膨大な植物コレクションを管理していた。彼は一七三一年に大冊の『園芸家事典』（*The Gardeners Dictionary*）を出版した。これは何度か改訂が重ねられ、途中の第八版からはリンネの分類体系を採用し、それを広めることにも貢献した。エイトンはチェルシー植物園でミラーの教えを受けた植物学者でもあることから、「ピンク・チャイナ」が一七五九年にイギリスで栽培されていたという記述は、信憑性が高いといわねばならない。ミラーはリンネとも交友関係があったので、その「ピンク・チャイナ」はウプサラ植物園から移譲された可能性が高い。

一七九六年に出版されたジョン・ヒル卿（*Sir* John Hill）の『ホルトゥス・キューエンシス（キュー植物園誌）』（*Hortus Kewensis*）には、エイトンが管理をしていた園内のアウグスタ皇妃庭園に「ピンク・チャイナ」が栽培されていたと記されている。

しかし、クリュスマンはオスベックのバラは「ピンク・チャイナ」ではなく「ブラシュ・ティー・チャイナ」だとしている。クリュスマンが何を根拠としてそういう見解を出したか私にはわからない。本書では、従来の説、すなわち、オスベックの採集したコウシンバラは「ピンク・チャイナ」であるという説を採ることにする。

イギリス外でのコウシンバラ

先に紹介したように少なくとも「ピンク・チャイナ」の系統のコウシンバラは一八世紀の前半から中ごろにかけて、イギリスで栽培が行われていたようである。

ここで、イギリス以外の北ヨーロッパへのコウシンバラ系統のバラの渡来歴をみてみよう。隣国のオランダであるが、ライデンとハーレムの植物園に「ピンク・チャイナ」が一七八一年にオランダの東インド会社経由でもたらされたという記録がある。ハーストはドベルキルヒ（D'Oberkirch）男爵夫人の『回想録』に夫人が一七八二年にハーレムでこれを見たと記録を残していることを報じている。

一七九七年にミラーの『園芸家事典』の第九版を出版したトーマス・マーティン（Thomas Martyn）は、コウシンバラはイギリスからフランスにもたらされたと記している。したがってそれは一七五九年以降のことと考えてよい。

こうして、中国生まれのコウシンバラは一八世紀には確実にヨーロッパで栽培され、ヨーロッパの園芸バラの仲間入りをした。だが、この時点ではコウシンバラは単にめずらしいバラとして扱われ、珍重されていたに過ぎない。コウシンバラがバラの園芸化に一大革命をもたらす最初の契機となるのは一七八九年である。

ところで全米バラ協会の定義によるモダーン・ガーデン・ローズはハイブリッド・ティー・ローズの品種が登場した一八六七年を初めの年としている。しかしヨーロッパのバラ研究家は、ハーストに従ってハイブリッド・パーペチュアルの出現をモダーン・ガーデン・ローズの出発点とすることが多い。一八三七年に登場した紫色の花をもつ〈プリンセス・エレーヌ〉（Princess Hélène）をこの系統の最初のバラとする考え方もヨーロッパには多い。

こうした異説はあるものの、本書ではモダーン・ガーデン・ローズのスタートを一八六七年としておく。すると、一七八九年から一八六七年までのおよそ八〇年間は、モダーン・ガーデン・ローズを生み出すための準備期間でもあったということができる。いわば黎明期であり、その間の動静にバラ狂いした人々の熱狂ぶりを如実にみることができそうだ。舞台そのものもイギリスからフランス、さらにはアメリカ合衆国へと広がっていく。一七八九年といえばワシントンがアメリカ合衆国で初代大統領に就任した年だ。アメリカ合衆国でのバラの園芸化は建国とほぼ同時にスタートを切ったといってよい。バラはアメリカ人のヨーロッパへの憧れを代弁する植物でもあり、また帰属を証すシンボルでもあったと私は思う。

二つのチャイナ・ローズと二つのティー・ローズ

ローザ・ガリカ、ダマスクバラ、ローザ・アルバ、さらにヨーロッパに広く分布するイヌバラやローザ・モスカータなどに、コウシンバラを中心にしたアジア産のバラをかけ合わせることによって、バラの園芸化が急速に進むのである。研究者によっては、オールド・ガーデン・ローズをコウシンバラの導入前の前期と導入後の後期とに区分することもあるほどだ。これから述べる話は後期（ポスト・コウシンバラ）のオールド・ガーデン・ローズについてである。

ところで、コウシンバラと右にあげたヨーロッパ在来のバラとの交配によって作り出されたオールド・ガーデン・ローズの品種の数々が、後に述べる、ルドゥーテの『バラ図譜』に正確に図示されている。その意味でルドゥーテの図譜はアジアのバラ、特にコウシンバラの導入により開花した後期のオールド・ガーデン・ローズ、すなわち、モダーン・ガーデン・ローズを生む黎明期の園芸品種の姿を正確に伝えた、たいへん貴重な文献にもなっている。

以下には、バラ好きの人々にはよく知られている、モダーン・ガーデン・ローズの誕生の契機になった二つのチャイナ・ローズと二つのティー・ローズのことを書いておく。

この四つのバラのうち二つはコウシンバラに属する特定の系統（この場合、園芸品種といってもよい）、他の二つは中国名を「香水月季」という、コウシンバラとローザ・ギガンテアとの交配に由来する（ローザ・ギガンテアそのものに由来するとする説もある）ティー・ローズの系統のバラである。

コウシンバラを用いた新たな改良がこうした限られた個体のコウシンバラしか手に入らないヨーロッパで進んだことに、モダーン・ガーデン・ローズの出生の特徴が隠されている。もし多様な変異を示すコウシンバラのたくさんの系統の株を相手に育成が行われたなら、モダーン・ガーデン・ローズはその黎明期を瞬く間に過ぎ去り、一九世紀初頭には一層多様な園芸品種が生み出されていたことであろう。

スレーターズ・クリムソン・チャイナ

コウシンバラは、学名を *Rosa chinensis* といい、日本では「庚申《こうしん》バラ」または「長《ちょう》春《しゅん》」の名で呼ばれる。繰り返しになるがコウシンバラの導入によって、はじめて四季咲きという性質がバラの園芸品種に生まれる。コウシンバラを抜きにして、バラの園芸化は成り立たなかったともいわれるほど、今日のバラの園芸品種作りに重要な影響を与えているのである。

すでに述べたとおり、オスベックが広東で入手したコウシンバラの一系統である「ピンク・チャイナ」がスウェーデン経由で一七五九年にはイギリスに移入されていた。しかし、この章で私たちが展望しようとしているモダーン・ガーデン・ローズの黎明期に、重要なかかわりをもつコウシンバラは、別経路でイギリスにもたらされる。その舞台はインドのカルカッタ（現・コルカタ）からはじまる。

一八世紀のそれも世紀末、イギリスの東インド会社の船長が、カルカッタ植物園で咲いていたコウシンバラの一系統を見つけたのが発端とされている。彼は一七八九年（一説には一七九二年）にこれを本国イギリスに持ち帰り、東インド会社の総裁であり、またバラづくりでも名の知られていたギルバート・スレーター（Gilbert Slater）に提供したのである。このバラは四季咲きで、スレーターは温室に植えて増やし、二年後に開花させた。これが後に〈スレーターズ・クリムソン・チャイナ〉（Slater's Crimson China）と呼ばれる、歴史上たいへん有名なバラとなった。オスベックがもたらしたと推定される「ピンク・チャイナ」と異なり、それは真紅のバラで、低木性だが多少つるになる性質のあるバラであった。このバラを通して、園芸バラに奥深さのある真の深紅の花色を発現する遺伝子が導入されたのである。それ以前の赤系統のバラの花色はローザ・ガリカに由来するもので、深みをたたえた〈スレーターズ・クリムソン・チャイナ〉とは異質のものである。

このカルカッタで栽培されていたバラの正体だが、数多く残っている標本から、およその特徴がわかる。

たとえば、ルイ一三世の時代に王の薬草園から要不要にかかわらず世界中の植物を集める植物園へと転じた、パリの植物園の一部でもある自然史博物館顕花植物部門にも五点の関係する標本がある。いずれも一九世紀になって採集されたものである。ちなみにこの五点の標本の来歴を以下に記してみよう。

①カルカッタ植物園の園長だったナタニエル・ウォーリック（Nathaniel Wallich）が一八三〇年に採集し、一八四二年にフランスの自然史学者のジャン・ギルマン（Jean Baptiste Antoine Guillemin）の所有となり、さらに一八五七年にこの自然史博物館の収蔵となった標本。

②ウォーリックの次の園長アンダーソン（T. Anderson）が一八六四年に採集して、いったんピエール（L. Pierre ただしこの人物の詳細は不明である）の個人所有の標本となり、同氏から博物館に寄贈された標本。

③同じアンダーソンが一八六六年に採集した、二八という参照番号をもつ標本。

④ロンドンの王立キュー植物園から、「東インド半島部の標本」という名前で配布されたワイト標本（Herb. Wight）の標本（番号九二〇）。

⑤ウォーリックが一八三一年に採集し、配布した植物（標本番号六六一）。

これら五点の標本には共通点があり、また、イギリスのキュー植物園やロンドンの自然史博物館所蔵のカルカッタ植物園で栽培されていたこのバラの標本も同じ性質を示している。これらの標本は、いずれも同一の個体もしくはそれを株分けした近親株から得られたものであるのはほぼ間違いない。花はたしかに八重咲きだが、花弁の数はさほど多くなく、小ぶりで、直径は二〜二・五センチメートルに過ぎず、花弁の間に明らかにすき間がある。葉も裏面が多少とも蠟白色を帯びて、小葉は少し細長めの卵のようなかたちで、先は細長く伸びて尖り、長さは二・五センチメートルを超えない。これは思い込みもあってのことだが、若い葉は赤みを帯びていたのではないかと思われる。蠟白色の性質とともに、モダーン・ガーデン・ローズに導入されたコウシンバラの葉の二大特徴がそなわっていたといえそうである。

ウォーリックなど、このバラを標本にした学者はこれを*Rosa indica*《ローザ・インディカ》と同定している。ここにかいま見た、カルカッタ植物園で栽培されるバラの標本の特徴は、いうまでもなく、これまでいわれてきた〈スレーターズ・クリムソン・チャイナ〉の特徴に合致するものである。しかし、一〇〇年以上も前につくられたおし葉標本である。残念ながら、その花色が真紅であったかどうか、想像はできても確証はえられない。

ただ、幸いなことに〈スレーターズ・クリムソン・チャイナ〉は一七九四年に刊行されたカーティスの『ボタニカル・マガジン』（*Curtis's Botanical Magazine*）にローザ・センペルフローレンス（*Rosa semperflorens* ※図11）としてその彩色図が掲載されている。この

(Philippe Noisette) はこのバラから実生《みしょう》を得るのに成功した。そしてその実生の中から一系統のバラを選択し、それに〈オールド・ブラシュ・ノワゼット〉(Old Blush Noisette) という名前を与えた。

フィリップは一八一七年にその一部をパリに住む兄ルイ (Luis Noisette) のもとに送った。これがマルメゾン庭園で開花し、ルドゥーテによって描かれ、ノワゼットの貢献を記念するローザ・ノワゼッチアナ (*Rosa noisettiana* ※一二五ページ㉖) という学名を与えられることになったバラであり、ここにノワゼットバラが誕生する。

ここでバラの園芸化の歴史に重要な役割を果たした「イエロー・ティー・ローズ」(Yellow Tea Rose) というバラのことを追記しておこう。これはノワゼットバラと〈パークス・イエロー・ティー－センティド・チャイナ〉とを交配させることによって生じたバラである。「イエロー・ティー・ローズ」の登場が注目されるのは、このバラが現在のハイブリッド・ティー・ローズの片親として重要な役割を担ったからである。このように、ハイブリッド・ティー・ローズの片親となったティー・ローズは、そもそも中国からもたらされたままのものではなく、ヨーロッパ在来の園芸バラの血の混じったものであった。その生みの親のひとつがノワゼットバラであり、ゆえにモダーン・ガーデン・ローズの黎明期の出来事の中でも忘れることのできぬ大きな価値をもつものであった。

ブルボン

インド洋上の小さな島レユニオン島はフランスの植民地で、かつてブルボン島と呼ばれていた。バラがよく育つ島であったが、一八一七年にフランスの植物学者でこの島の植物園長だったブレオン（Bréon）はダマスクバラの「オータム・ダマスク」と〈パーソンズ・ピンク・チャイナ〉の雑種と考えられるバラが垣根に植えられているのを発見した。彼はこの雑種から得た種子をパリ近郊のルイ・フィリップ王のバラ園で働くジャックス（Antoine A. Jacques）に送った。この中から生まれたのが「ブルボン」と呼ばれるバラであった。このバラの名前は、もちろんブルボン島から来ている。ルドゥーテは一八二四年にこのバラを描いている。ローズピンクで半八重咲きのこのバラは強い芳香があったといわれている。

そして一八三七年に最初のハイブリッド・パーペチュアルが「ブルボン」と「ハイブリッド・チャイナ」（Hybrid China）とのかけ合わせによって得られるのである。「ハイブリッド・チャイナ」とは、コウシンバラあるいはティー・ローズ（〈ヒュームズ・ブラシュ・ティー‐センティド・チャイナ〉）とロ一ザ・ガリカの交配から作出されたバラであり、このバラもモダーン・ガーデン・ローズの誕生には重要な役割を担うのである。このバラの登場の歴史は錯綜しているが、およそ一八一五年ごろといわれている。

ついでに一言しておくと、ティー・ローズとかティー‐センティド・チャイナと呼ばれるバラの「ティー」は、縮んだ紅茶の葉とは無関係である。これらのバラが紅茶（tea）の芳醇な香りに似た香りを漂わす（scented）ことに因んで命名されたのである。

ここでバラの園芸品種の主だった系統について記しておこう。今日、バラの園芸品種は万を超すであろう。私にはそれらすべてについて由来や特徴・逸話などを記す能力はない。しかしバラの園芸種や園芸品種を紹介した本や写真集は各国で多数出版されており、多くは日本でも簡単に手にすることができる。多種多様な品種作りの過程では、日本のノイバラとテリハノイバラ、さらにハマナスも重要な貢献をしていることを付記しておきたい。上記も含めて園芸に利用された野生バラのうち、これまでふれてこなかった種および主なバラの園芸種は第九および第十章で紹介しよう。

さて、モダーン・ガーデン・ローズの園芸品種はその交配親の違いによって一般には次のような系統に大別される（図13）。

①ハイブリッド・パーペチュアル系。これはコウシンバラとダマスクバラ、キャベジ・ローズなどの交配に由来する複雑な交配株である。春と秋の二季咲き性で、枝は太く、赤みがなく、葉の表面に光沢がないのが特徴である。花は大形であるが、現在では純粋な意味でのこの系統の園芸品種は少ない。「HP」という記号がこの系統に用いられる。

②ティー・ローズ系。コウシンバラとローザ・ギガンテア（図12）の交配（一説によればローザ・ギガンテアの改良型）に由来する品種群である。四季咲きで、花はティー・ローズ

の名のもとともなった紅茶の香りがする。若い芽が赤褐色を帯びるのが大きな特徴である。記号は「T」。

③ハイブリッド・ティー・ローズ系。前記の①と②すなわち、ハイブリッド・パーペチュアル系とティー・ローズ系の交配によって生みだされた系統で、現代バラの主流はほとんどこの系統のものである。若い芽は紅紫色を帯びることが多く、花茎《かけい》が長く丈夫で、切り花にも適している。記号は「HT」。

④ペルネティアナ系。二〇世紀初頭、フランスのリヨンのバラ栽培家ペルネ＝デュシェ（Perner-Ducher）によって作出された。①のハイブリッド・パーペチュアル系の一園芸品種〈アントワーヌ・デュシェ〉（Antoine Ducher）とローザ・フェティダの園芸品種〈ペルシアナ〉（Persiana）との交配で生じた〈ソレイユ・ドール〉（Soleil d'Or）を母体とする。葉は厚く、強い光沢がある。花色は黄色を主とする銅色系である。記号は「Per」。しかし、ペルネティアナ系はハイブリッド・パーペチュアル系との交配を通して生じたバラとはいえ、この系に含めて扱われることも多い。

⑤ポリアンサ系（Polyantha）。日本のノイバラとコウシンバラの矮性品種（ヒメバラ *Rosa chinensis* f. *minima*）との交配による。一八七五年にフランスで作出された。記号は「Pol」。

図12　ローザ・ギガンテア

⑲ `パンパン・ブラン・パルフェ′

⑳ チャイナ・ローズ

㉑ ナニワイバラ

㉒ ローザ・インディカ（コウシンバラ）

㉓ オールド・ブラッシュ

㉔ `パークス・イエロー・ティー－センティド・チャイナ′

㉕ `チャンプニーズ・ピンク・クラスター′

㉖ ローザ・ノワゼッチアナ

㉗ イザヨイバラ

⑥ハイブリッド・ポリアンサ系。フロリバンダ系（Floribunda 記号は「F」）ともいう。ハイブリッド・パーペチュアル系とポリアンサ・ローズ系の交配に由来する。デンマークのスヴェンド・ポールゼン（Svend Poulsen）が作出したもので、耐寒性が強い四季咲きである。花壇向きで、最近ヨーロッパでは庭園用にこの系統のバラが人気を集めている。記号は「HPol」。

このほかグランディフロラ系「Gr」、ミニバラとして人気のあるミニアチュア・ローズ系（Miniature rose）「Min」、強壮で低木性のシュラブ・ローズ系（Shrub rose）「S」、さらにはテリハノイバラを核としたハイブリッド・ウィクライアナ系など、つる性のバラの数系統があるがここでは割愛する。

図13　主要な園芸バラの系譜

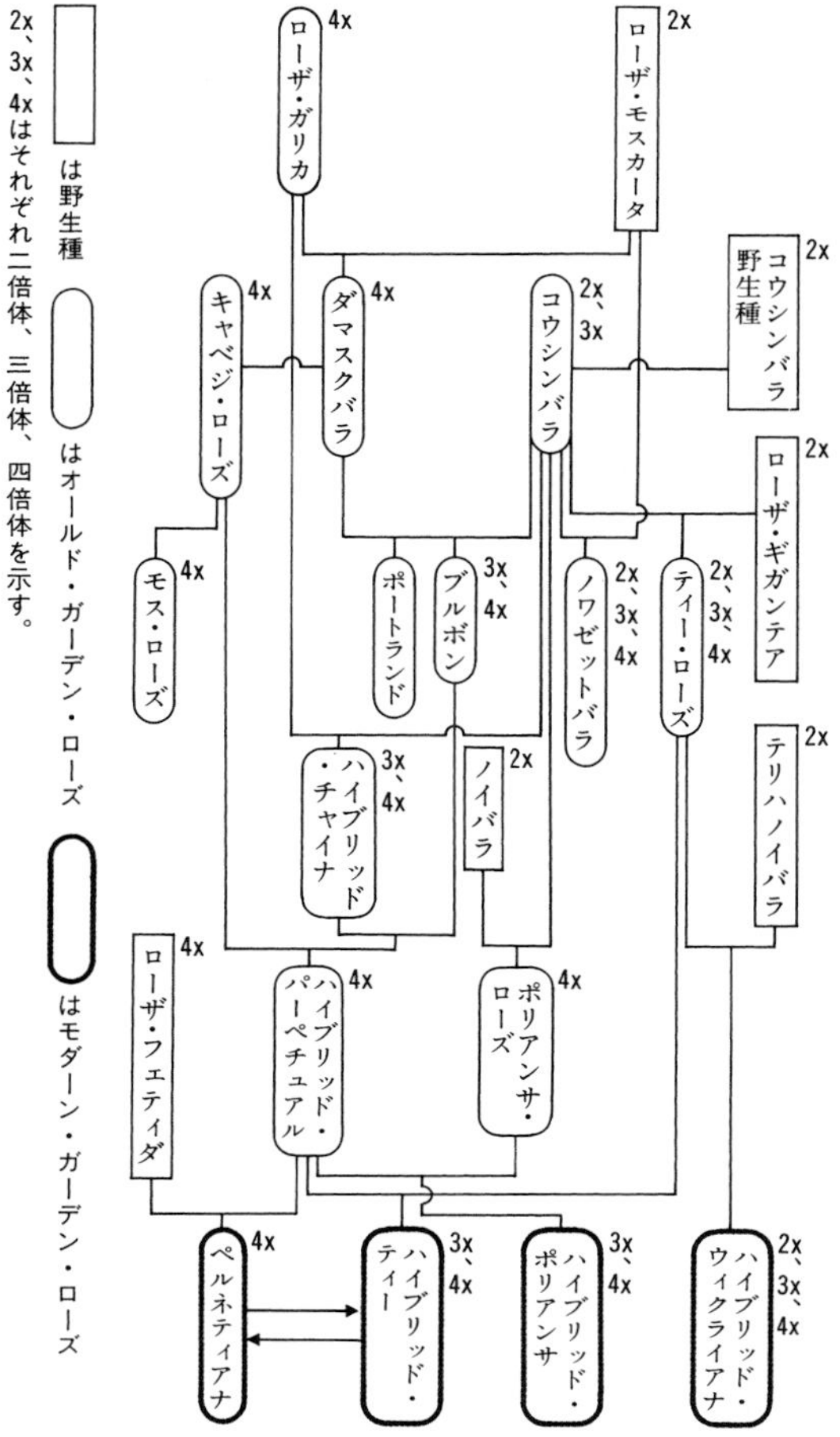

第八章　バラの花譜

一五五〇年から一九七五年にかけて、ラテン語、英語、フランス語、ドイツ語によって書かれたバラについての本と学術雑誌の論文を集大成したストック（K. L. Stock）の『バラの本』（*Rose Book,* 1984）には三二七九篇の文献が収載されている。この本は著者別の文献一覧なので、バラの図が誰によってどのくらい出版されているのかはつまびらかにすることはできない。花の中の花といってもよいバラである。描かれたバラの数も膨大な数にのぼるであろう。とてもその全部を紹介することはできない。この章は著名なバラの植物図譜のうちから私の好みで選択した作品に焦点を当てて書いたことを最初に断っておきたい。

バラの歴史を顧みるとき、ナポレオンの妃ジョセフィーヌへの言及は避けられない。いみじくも高貴なイメージを漂わせたバラであるがゆえに、こうした貴顕の人々がバラとかかわってても少しもおかしくはないのだが、ジョセフィーヌの果たした役割は、それがたとえ結果としてそうなったものだとしても、画期的であり、彼女がもしこれから述べるような努力を惜しんだとしたら、バラの園芸化は別の道を辿り、また園芸化の歴史を辿ることができる資料もきわめて乏しいものになり、その実状を明確には知りえなかったにちがいない。ジョセフィーヌは熱狂的にバラを集めた。すなわち、徹底的にコレクションをしたのである。この徹底的なコレクション、これこそものごとの科学的解明への第一歩であり、コレクションなくして、対象についての正しい理解は得られないのである。

欧米の博物館の膨大なコレクションに言い及ぶまでもないが、それなくして現在の自然界やその多様性について、どれだけ深い理解ができたものかと思う。集めて、存在が明らかになったものしか、科学しえないのである。ジョセフィーヌの晩年、中国のコウシンバラなどがヨーロッパに移入され、また異種間のかけ合わせの技術なども整った。だからこそ、バラの園芸品種も数多く登場するようになった。バラは脚光を浴び、バラへの熱狂が生まれたのである。ジョセフィーヌもそのバラ狂いをした貴婦人の一人だった。しかし、それだけなら、後世の人々は、これほどまでにジョセフィーヌのことを書いたりはしない。妃をバラの来歴を物語るうえで重要な人物にしているのは、数多くの園芸家を動員して改良を進めたこと、また、集めたバラを描かせたという点である。しかも単にスケッチをさせたのではなく、当代超一級の植物画家、ルドゥーテを雇って自分のコレクションを描かせたのである。ルドゥーテは要望に応えて描いた。それが纏められ出版されたのが、ルドゥーテの代表作である『バラ図譜』三巻である。これは原題を*Les Roses*といい、ジョセフィーヌの死後一八一七～一八二四年にパリのフィルマン・ジドゥー社で印刷され、ルドゥーテ自身により出版された。フォリオ版の図譜で、図版一七〇点にバラの彩色図が収められている。クロード・

アントワーヌ・トリー（Claude Antoine Thory）という植物学者・園芸学者が解説を書いている。ルドゥーテの図譜を通して、ジョセフィーヌが集めたバラ、すなわち、園芸化黎明期のバラがどんなものであったのかを知ることができるのである。

ルドゥーテの図譜にローザ・ガリカの園芸品種で〈ポンティアナ〉（Pontiana）と名付けられた鮮やかな赤色の八重咲きのバラが描かれている。ポンティアナの名はマルメゾンでバラの人工交配を行った天才的な育種家であるアンドレ・デュポン（André Dupont）に因んで名付けられたものである。デュポンは一七五六年に生まれ、一八一七年に亡くなっているが、ローザ・ガリカ、キャベジ・ローズ、ローザ・アルバなどを中心に多数の園芸品種を作出したのである。このバラづくりの魔術師の新作の多くもルドゥーテの『バラ図譜』によってその実体を探ることができる。

デュポンの作出した園芸品種をはじめ、ルドゥーテの『バラ図譜』に描かれたバラにはいまは見ることもできぬ興味深いバラが満載されている。キャベジ・ローズの園芸品種〈アネモノイデス〉（Anemonoides）もそのひとつで、この濃いピンク色の気品のある八重咲きのバラはいまではまったく知られていない。コウシンバラの園芸品種とされた〈ステリゲラ〉（Stelligera ※口絵参照）は花が小ぶりの単弁咲きだが、喉の部分が白い環状になる可憐なバラで、今日でも十分に愛好者に好かれるバラと考えられるが、この園芸品種も現存しない。

どの図を見ていてもあきない。今日では見る機会もない多数のバラが次から次に登場する。架空のバラ園をそぞろ歩きしているような気分にさせられる。

バラの画家ルドゥーテ

世界中でバラの画家と呼ばれるほどルドゥーテとバラの結びつきは強いのだが、彼は植物画家としての道を歩み始めた当初、後に世界的な植物学者の一人となるアウグスタン・ピレーム・ド・カンドル（Augustin Pyrame de Candolle）に画を見てもらい植物学的な素養を身につけた。実際には彼ら二人の合作である『多肉植物図譜』（*Plantarum Historia Succulentarum*）と『ユリ科植物図譜』（*Les Liliacées*）は、植物学および植物図譜の歴史上重要な著作になっている。――余談だが、前者がド・カンドルの著作、後者がルドゥーテの作品として出版された。その事情は明らかではないものの、ともにルドゥーテがほとんどの画を描き、解説はほとんどをド・カンドルが担当して、文字通り二人の合作といってよい。

ルドゥーテは一七五九年にいまはベルギーに属するアルデンヌ地方のサン・チュベールで生まれた。彼の一家は舞台や室内装飾を家業としていたが、二三歳のとき、ルドゥーテは舞台画家であった兄のもとで働くため、パリにやってきた。そして仕事のかたわら、王立植物園で植物を描き、描いた作品を画商に売り払って生計の足しにしていた。ルドゥーテは、サボテンのような多肉植物やスイセンなどの球根植物に精力を傾けた。特に毎年花が咲くわけではない多肉植物では、それを画として記録することは意義深かったのである。やがて、ルドゥーテの描いた多肉植物の画はド・カンドルにより『多肉植物図譜』として出版され、植物画家としてのルドゥーテの出世作ともなった。また、多肉植物を描くことで、植物を立体的に描くことに習熟したことの意義も大きい。

また、ルドゥーテの植物画は当時のフランスでの植物画や植物学の方面に強い影響力をもつ、スペンドンク（G. van Spaendonck）とレリティエ（C. L. L'Héritier de Brutelle）の目に留まったのである。レリティエの仲立ちで、ルドゥーテはマルメゾン庭園に関係することができ、持ち前の人柄でナポレオン妃ジョセフィーヌとも親しく接する機会に恵まれた。

ジョセフィーヌは当代のあらゆるバラを集めていたことはすでに述べたが、植物学者のヴァントナ（É. P. Ventenat）、後には、フンボルトと共に新熱帯などを探検したボンプラン（A. J. A. Bonpland）を雇い、バラ以外にも世界各地から珍奇な植物を集めていたのである。ルドゥーテはこうしたコレクションも描き、ヴァントナの『マルメゾン庭園の植物』（*Jardin de la Malmaison*）という植物図譜などにすぐれた作品を残している。

ジョセフィーヌはルドゥーテにバラを描かせた。こうしてルドゥーテは当時のバラのすべてを画に記録することになったのである。

大半がルイ一五世時代の統治下にあった一八世紀のフランス。経済力をもった新興市民が文化や政治を動かした。快楽を求め、装飾的感覚がもてはやされ、文化や政治について談論するサロンが栄えた。この時代の文化を代表したのがロココ様式であった。バラは、巻き貝の螺旋のようなモチーフを多用するロココ趣味にぴったりであった。

芸術作品はすぐれた個人の資質に負うところが大である。しかし、植物画は単なる芸術ではない。植物学的な正確さが求められるのは無論、通常は印刷などにより複製され、多くの人の手にわたり、描かれた植物についての人々の理解を助けることも重要な使命である。バラをはじめとするルドゥーテの植物画での成功のすべてを彼の天性の才能に帰すことはできない。彼は植物画の偉大な革新者でもあった。なかでも大きいのが、スティップル法と呼ぶ高度な彩色印刷技術の改良と実際の印刷への採用であった。この印刷方法によってきめ細かい色のグラデーションを可能とし、画から輪郭線を一掃することができた。

これらの技術革新と才覚が植物画のレベルを飛躍的に高め、植物学の分野だけでなく、幅広い一般の人々の間に愛好者を獲得することを成功させもしたのである。このような背景を抜きにしては、彼がアカデミーの会員資格をアングルと競ったことは想像しにくい。だが、先に述べたように植物画は芸術絵画としては特殊であった。このことを何よりもよく知っていたのは当のルドゥーテだったと私は思う。彼は最後まで変わることなく植物画を描き続け、それを図譜として出版した。

ルドゥーテが植物画の出版で、スティップル法の改良を試みたことはすでに述べたとおりだが、そのほかにも植物体を囲む輪郭線をなくしたこと、画面と植物体の大きさを相対化させ、大きさについてある程度の予測をつけることを可能としたこと、基本的に印刷により彩色を行ったことで彩色について一定した出来具合の画を供給することができるようになったことの意義は大きい。ルドゥーテの時代、イギリスでは植物画は手彩色であったため、どうしても黒の輪郭線が画には欠かせなかった。また、彩色にはコストがかかり、デリケートな色調や色彩のグラデーションははじめから無理であった。なかには粗雑な塗りもあったし、一部は無彩色のまま流布されもしていたのである。ルドゥーテが印刷によって高品質で、しかもすべて均質の植物画を生み出そうとした努力は高く評価されるべきである。

マルメゾンの館

クレオールという言葉がある。はじめは西インド諸島に生まれた西洋人を意味したが、次第に語義が拡大され、多岐化した。ジョセフィーヌ妃はカリブ海のフランス領マルティニック島生まれの正真正銘のクレオールであった。パリに出てはじめボアルネ（Beauharnais）子爵夫人となったが子爵の死後、一七九六年にコルシカ島生まれの若い士官ナポレオン・ボナパルトと結婚した。三年後の一七九九年ジョセフィーヌはパリ西郊にあるマルメゾンの館を取得した。ナポレオンはエジプト遠征から帰国後すぐに若き建築家であるフォンテーヌ（Fontaine）とペルシェ（Percier）に館の改修を命じている。

マルメゾンの名前は悪い館を意味するmala mansioに由来するがどうしてこう呼ばれるようになったかはわからない。この地は九世紀末からサン・ドニ（Saint-Denis）修道院の領有する農地であったが、一七世紀の初頭にパリの議会の顧問官（議員・評議員）クリストフ・ペロ（Christophe Perrot）が所有することになり、彼はここに当世風の建物を建てた。ジョセフィーヌがこれを購入したときもペロの建てた建物はほとんどそのままのかたちで残っていたのである。

いまマルメゾンの館を訪れても、そこに農園のおもかげを探すのはむずかしい。パリ郊外の住宅地として発展した周囲の中に孤立して残された広大な森、フォンテンブローにも近いマルメゾンにはほかにも大きな木立のそびえた一画がいくつかあり、一部は公園などになっている。マルメゾン一帯はパリ市民の午後の散策や週末のピクニックにも適した場所として、整備が進んでいる。

門から主館まで一〇〇メートルくらいはあるだろうか、広大な前庭を通って、建物をまわると裏庭に出る。ゆるやかな起伏のある広大な敷地いっぱいに樹木が被いかぶさるように梢を広げている。窪地は館と並行するようなかたちの細長い池となり、末端は人工の小川へと続いている。ところで、一八〇四年十二月二日にジョセフィーヌは皇后となったが、一八〇九年に二人は離婚する。そのためもあってナポレオンはこのマルメゾンに来ることはほとんどなかったという。

ジョセフィーヌは庭園の一画に温室をつくらせ、ヴァントナ、後にはボンプランに世界各地の植物を集めさせ、そこに植えて研究させた。バラの収集もはじめた。現在、館の左右にバラを植えた庭があるが、ジョセフィーヌのころの様子を復元したものだそうである。正門から館に向かって右手は長方形の区画を多数つくり、そこには数々のバラが植えられていた。このバラ園の様式は今では世界各地にみるものだが、つる状に伸びるバラのためにアーチをしつらえたことなどを考えると、バラという植物の特徴を活かしたバラに向いた庭園といえる。

ジョセフィーヌはバラを愛好したが、趣味の広い女性だったらしく、音楽を愛し、また美術品・工芸品、特にギリシア時代の壺や彫刻の収集にも熱心だった。こうして集められた絵画や陶器などがいまは博物館となった館に展示されている。一八〇九年から一八一四年五月二九日に死去するまで、ジョセフィーヌは、そのほとんどをマルメゾンの館で過ごした。その間、わずかにスイス、イタリア、両国との国境の地サヴォアに出かけたことと、ノルマンディにある妃の領地に滞在したことがあるくらいだった。

ジョセフィーヌの死後、マルメゾンは息子のユジェーヌ・ボアルネが所有するところとなったが、ユジェーヌの死後、未亡人であるバイエルンのアウグステ・アマリアによりスウェーデンの銀行家に売られ、さらに一八四三年にスペインから亡命したマリア・クリスティーナ王女がこれを買い、一八六一年にナポレオン三世が手に入れている。その夫人、ユジェニーはここをナポレオン一世のための博物館としたが、まもなくはじまった普仏戦争のために閉館された。第二帝政の時代が終わるとともに、マルメゾンの館は次々と人手に渡ったが、一九〇六年にダニエル・オシリス・イフラ（Daniel Osiris Iffla）が国に寄贈し、博物館として再び公開されることになった。

ジョセフィーヌが収集したバラはいったんは散逸したが再収集がはかられ、現在はパリの南方四キロメートルほど郊外のライ・ル・ローズ（バラのライ村）という有名なバラ園でその多くを見ることができる。

私はジョセフィーヌ妃とマルメゾンに紙数を使い過ぎてしまったと思う。波瀾に富んだジョセフィーヌ妃の生涯はいくつもの伝記や評伝を生んでいるが、バラについての本書には、これで十分であろう。妃についてさまざまな評価が与えられるとしても、ジョセフィーヌが植物学や園芸のパトロンとして果たした役割は重要である。こうした趣味に妃をかりたてた背景が何であれ、妃は当時の教養ある人物のひとりとして、なすべきことをなした、と私は思っている。また、バラを収集して栽培するだけでも記録にとどめられるのだが、これをルドゥーテのような一流の植物画家に描かせたところが卓見であった。しかし、それは後に科学的な考証のために役立つからなどという先見性をもったものではなかったろう。美しい花を記録に残しておきたいという、ごくごく通常の感情の発露であったのではないか。ルドゥーテが描いたバラの花はその花びらの間に薄い空気の層を挟んで重なっている。そこには当時のマルメゾンの空気が閉じこめられているような気がしてならない。ジョセフィーヌ妃、妃がバラとともに過ごしたマルメゾン、そしてルドゥーテ、これらはバラを愛好する人々にとって忘れられない舞台であり、主役たちなのである。

フランスのバラ図譜

フランスのバラ図譜といえばルドゥーテがそれを代表するのは確かだが、彼のことを記すだけでフランスのバラ図譜への言及を済ますのは公平を欠くというものである。手短に他の作品を見ていくことにしよう。

フランソワ・ルニョー（François Regnault）は、同年の一七四六年生まれのジュヌヴィエーヴ・ド・ナンジ・ルニョー（Geneviève de Nangis Regnault）のエッチングと手彩色による植物画を自著に載せて出版した。この一八世紀中葉のルニョーのバラの画はルドゥーテの時代のロココ趣味からは遠い。フランスの様式というより、そこにはかつてヨーロッパ全土に強い影響を残した本草学時代の様式の残滓が感じられる。しかし、余白を埋めた解剖図は正確であり、高い植物学的な理解度が見てとれる。ヨーロッパにおいても近代植物学が誕生する以前は、薬草を研究する本草学が植物の研究をリードしていた。この西洋本草学はハーバル（herbal）と呼ばれ、野草を図示した数多くの本草書が出版されていた。その植物画ははじめは粗雑であったが次第に精度の高いものとなった。完成度の高いブルンフェルス（Otto Brunfels）やフックス（Leonhart Fuchs）などの植物画は観賞に値するが、骨太の輪郭線をもつなど独特の雰囲気を有している。一八世紀中葉であれば、まだ本草学の影響が強く感じられても少しもおかしくはない。私はルニョーのことをいつも忘れてはならない植物画家のひとりであると思っている。そのうえ、ここに述べたバラの図は一八世紀中葉に「一〇〇弁バラ」のような園芸バラがフランスで栽培されていたことを証明する貴重な資料でもある。

ビュショー（Pierre Joseph Buchoz）は単に中国の植物画を集めて編集出版しただけと酷評される人物である。たとえばビュショーが一七七六年に刊行した画集を見ると、そこにはフヨウとバラを交合したような、これがバラかと疑いたくなる代物の中国風の画が収録されている。画の下に記されている「繅絲花《そうしか》」とは、日本でも栽培されるイザヨイバラ（*Rosa roxburghii* ※一二五ページ㉗）をさす。

ビュショーの画集は、当時のシノワズリー、すなわち中国趣味ブームのおかげで、着物や陶器などの絵付けにずいぶん利用されたのである。後に浮世絵の影響から独自の絵画を発展させたフランスだが、植物学的に正確であることが不可欠なこのジャンルに中国など東洋の植物画は馴染まなかったのはいうまでもない。また彼には中国の絵画を西洋のそれに融合させ独自の植物画を生み出す才覚もなかったようだ。一七七六年といえばルドゥーテ一七歳の年であり、そのおよそ四〇年後には彼の『バラ図譜』の最初の部分が出版されるのである。絵画にはいろいろな趣味があってよいが、やがてビュショーのような粗雑な植物画はフランスから消滅していく。

植物と風景を描いた画家プレヴォー（J. L. Prévost）は、花束を描くという、いまは廃れてしまった植物画の手法の存在を示しているが、プレヴォーの正確な写実には目を瞠《みは》るものがある。

デュアメル・デュ・モンソー（H. L. Duhamel du Monceau）は植物学のほか、航海術でも著名な人物であり、自分の著した『樹木概論』（*Traité des Arbres et Arbustes*）にルドゥーテとベッサ（P. Bessa）による植物画を載せた。この本に載った植物画はいずれも教科書の挿図というべき性質のものであるにもかかわらず、心に迫るものがある。二人の植物画には少しも奇を衒《てら》ったところがなく、重厚である。フランス人が好む古典志向に一脈通じるところがあると私は思う。エングレーヴィング（金属彫版）、手彩色のベッサのバラは、ほぼ同時代のルドゥーテのバラに似ている。技巧も肉迫している、その違いはほとんどなく、もしかしたらこの種の出版物に個人差は許されなかったのかも知れない。ルドゥーテが発展させたスティップル法、それは輪郭線がないこともあって、植物画にとても柔らかな印象を与える。それればかりではない。立体的構成、優美な曲線の強調などを旨とするフランス植物画の特徴がルドゥーテの画には実によく表れている。ベッサの画にも同じ傾向を指摘することができる。しかし、私にはこれ以上彼についての情報を集めることはできなかった。ルドゥーテの時代の他の植物画家についてもっと多くのことを記す必要があると思う。

イギリスのバラ花譜

すでに見てきたように、人々のバラの好みは歴史が長い。しかし、その長い歴史を貫通する、イギリス人のバラ図の好みや特質なるものを考えてみるのだが、それがあまりはっきりしない。強いていえば、植物画の構図にはお国柄というべき恣意性があまりないということか。はじめから美しく描くなどという発想はないのかも知れない。

刺の多い、毛深い茎や葉も、花同様にバラの一部である。すべてを正確に観察して、トータルに捉えることによって、はじめて真にバラを理解し得るのだ、といわんばかりである。あるがままを捉える。画家の個性に加え、バラに対する観察の精度が問題なのだ。

植物画は、まず植物学的に正確であることを重視するというイギリスの伝統にいきあたる。植物画＝ボタニカル・アートはその条件を満たしたうえで成り立つ芸術なのである。植物画に対してボタニカル・アートという言葉が用いられる所以もここにある。ちょうどクラシック音楽の演奏が、作曲家の譜面があってはじめて成り立つのに譬えられるだろう。

葉や実がなければゼラニウムとまちがえてしまいそうなエリザベス・ブラックウェル（Elizabeth Blackwell）のバラ図が手元にあるが、彼女の植物画も本草学時代の画法が色濃く表れている。この図は一七三七年に二巻本としてロンドンで刊行された『珍奇植物図譜』（*A Curious Herbal*）に収められているものである。力強いが、正確に描く技術がまだともなわれていない。

イギリスで園芸家協会ができたのは一七二四年で、当初毎月一回チェルシーのコーヒーハウスに集まって新しく導入された植物や育種・栽培について講義を開いたり討論が行われたりしていた。一七三〇年に植物目録を刊行したが、そのなかに、ヤーコブ・ファン・ハイスム（Jacob van Huysum）の手になるバラ図がある。花が中心に描かれているのは目的上仕方がないが、花以外の素描が不正確である。ブラックウェル同様に、彼の植物画もまだイギリス本来のボタニカル・アートからは遠い。

イギリスの植物画の発展で忘れられないのは、カーティスが一七八七年に創刊した『ボタニカル・マガジン』である。彼らの画の葉先の曲がり具合いなどを眺めてみると、あたかも小さな袋に入れて運んできたためについた癖までそのまま描いてしまったように思える。こうした、あたかもバラ園からいま花盛りのバラのひと枝を切ってきて、写生しただけというふうな委細にかまわない描き方は、ルドゥーテのバラとは違った自然さを生み出している、というのが彼らの描くバラに対しての私の印象である。

後述するエーレット同様に、フランツとフェルディナントのバウアー兄弟はオーストリアで生まれ、イギリスで生涯を閉じた。弟のフェルディナント（Ferdinand Lucas Bauer, 1760–1826）がシブソープ（John Sibthorp）の『ギリシア植物誌』（*Flora Graeca*）に描いたローザ・センペルウィレンスの画は、史上最もすぐれたボタニカル・アートのひとつではないだろうか。ルドゥーテの『バラ図譜』とほぼ同時代にあるこのバラの画は、バラらしく描くことよりもローザ・センペルウィレンスを描いたといえる。それもたまたま目の前にあった個体を描いたというのではない。このバラを十分に研究し、その最も典型的で完全な姿を画面に表現したものといえる。こうした植物画は、植物学者と共同することではじめてなしえるものである。こうした点で兄のフランツ（Franz Andreas Bauer, 1758–1840）とともに彼らは一九世紀の植物画の絶頂を極めた植物画家ではないかと私はみる。

ウォーリックの『アジア稀産植物図譜』（*Plantae Asiaticae Rariores*）は、インド人画家による植物画が興味深い。この図譜にヴィシュヌプラサード（Vishnupersaud）のバラの図がある。イギリス流植物画のスタイルと技法が確立し、同時に植民地化の進むインドにも波及していったことを示している。

ウォーリックやシブソープの著作より少し前の一八二〇年にロンドンのピカデリーにあるジェームス・リッジウェイから出版された『ローザルム・モノグラフィア』（*Rosarum Monographia*）すなわち『バラ属分類誌』を忘れてしまうわけにはいかない。このわずか一五五ページに過ぎない小さな本はいまでもバラの研究にとって重要な著作である。この一書のみでその著者ジョン・リンドレイ（John Lindley）を重要なバラ学者のひとりとして認めることになった著作でもある。この本には一九の図版が収められており、そのうち、一八図が手彩色による彩色図版であるが、最後の一図版のみは無着色の線画で出版された。この無着色図と着色図の間には大きな違いは認められないところから、最初からこれを無着色とすることが意図されていたとは思えない。図はワッツ（J. Watts）により彫版されたが、原図はリンドレイ自身とカーティスによって描かれたものである。本のつくりも含めて、これがカーティスの『ボタニカル・マガジン』によく似ているのも、画の雰囲気が同じであるためかも知れない。

著者のリンドレイは一七九九年に生まれ、一八六五年に世を去るまで、植物学の世界で大活躍をした人物である。一八二九年から一八六〇年まで三〇年以上をロンドン大学の植物学の教授として植物学の普及にも貢献した。植物の分類学的な記載と用語を系統立てて詳述した『植物学入門』（*An Introduction to Botany*）は現在でも規範となるすぐれた教科書で、一八三三年にロンドンで出版され、版を重ね、最後の第四版は一八四八年に出版された。晩年はランの研究者として大きな業績を残しており、アメリカのラン協会は、彼の名前を冠した『リンドレアナ』（*Lindleyana*）という機関誌を発行している。

『バラ属分類誌』はリンドレイが二一歳の時の著作であり、彼の植物学における最初の著作でもある。植物画として重要な植物学的な正確さという点では申し分はないのだが、バラの雰囲気をあますところなく読者に伝える画とはいい難い。すなわち、構図も凡庸で、スケッチそのものも並の出来でしかない。こうした出来上がりの凡庸さは彫版によるものか。カーティスの植物画としては最低の部類に入るものである。これがリンドレイの著作でなければ忘れ去られてしまう運命にあったのではないか。これは私だけの評価ではあるまい。

ローザ・ウィルモッチアナ（*Rosa willmottiana*）にその名を残すエレン・ウィルモット（Ellen A. Willmott）の『バラ属』（*The Genus Rosa*, 1910–1914）は、実際には忠実度の高いバラの画を収めた植物画集といえるものだが、このバラの画を描いているのはアルフレッド・パーソンズ（Alfred W. Parsons）である。バランスもよく、しかも種や園芸品種の特徴がよく表れる工夫のこらされた水彩画は、古今のバラ画の中でも特にすぐれたもののひとつである。

一九五五年と五七年にロンドンのレインバード社から出版された『オールド・ガーデン・ローズ』（*Old Garden Roses*）にふれておきたい。これは第一部（一九五五年刊）と第二部（一九五七年刊）で著者が異なるが、画はチャールズ・レイモンド（Charles Raymond）が描いている。第一部はグラハム・トーマスが序文を寄せ、サッチヴィレル・シトウェル（Sachverell Sitwell）がオールド・ガーデン・ローズについて詳細な解説を、ジェームズ・ラッセル（James Russell）がオールド・ガーデン・ローズの歴史を記述している。第二部はウィルフリッド・ブラント（Wilfrid Blunt）が文学中のバラについて語り、ラッセルがローザ・ガリカについて書いている。各部に八点の図版があり、レイモンドのオールド・ガーデン・ローズの画が一六点収められている。レイモンドのバラ図は個性的である。私には彼は花と葉の双方の調和を画面上に描こうとしているように思える。余白の大きい画面構成も効果的だが、西洋の画家にはめずらしく、画そのものが平板になる傾向がある。

レイモンドは、ルドゥーテやカーティスなどが作り上げてきたバラの描き方に対して、それとは異なるバラの捉え方・描き方を工夫している。この点バラの植物画といえばルドゥーテを手本とした手法の画がほとんどの現代の日本と比べると、その独創性は高く評価されなければならない。いくら対象が自然物でそのデフォルメが許されないとはいっても、画は創造の産物である。十分に創造的であることに加えて、彼の画は細部までごまかしが見られない。実に立派な画である。ただこの画面構成には好き嫌いが生まれそうである。

この本は予約出版されたもので、本文の最初に予約者の名前が印刷されている。これもイギリスによくあるスタイルである。一九五五年は第二次世界大戦の終結後一〇年であるが、その予約者の中に一人も日本人の名前を見ないのはさびしい気がする。

ドイツ、オーストリアのバラ花譜

南ドイツの古い町ニュールンベルクは、以下に述べるエーレット（G. D. Ehret）を生んだことなどで植物画の歴史のうえで重要な意味をもっている。古い町全部に植物画が発達したのではないけれども、ニュールンベルクでは多くの植物画家を輩出し、すぐれた植物図譜が出版された。その町の医者であり、博物学者であったトルー（Christoph J. Trew）は植物画家を庇護し、作品を出版した。一時代を画したエーレットもその一人である。彼のバラの図は『美花図選』（*Plantae Selectae*）のなかにもあるが、それは彫版が悪く、エーレット本来の生彩と植物学者顔負けの正確さに欠けている。それでも、不透明な色使い、花をいく分大きく、かつ真正面から描き、葉はあらゆる角度で描くという、彼の画がもつ特徴をかいま見ることができる。

同じ図譜に収められた、二匹の昆虫が一緒のバラの図は、著名なメリアン（Maria Merian）の植物画を思わせる。画家の名は記されていないが、おそらくカレル（Karell）の手によるものであろう。

ヴァーグナーの楽劇『ニュールンベルクのマイスタージンガー』でも知られたこの町に、画家で彫版師で古生物学者で画商という超多彩な才能をもったクノール（G. W. Knorr）という人がいた。

トルーと同じころである。彼は一七五〇年から七二年にかけて、内容的には『植物宝典』とでも呼べる小形のフォリオ版の二巻本（*Thesaurus Rei Herbariae*）を出版して、三〇〇の植物図譜をその中に収めた。いずれも銅版手彩色の図であるが、このクノールという人の画の多くは、正面からバラの花を描いている。これは写真に撮影したように描くのとは趣向を異にする。全体として偏平な描き方は、クノールが植物図譜をおし葉帳に代わるものと考えていたことを暗示している。

オランダ生まれのジャカンがウィーンで活躍するのは、一時はオランダさえ領有したハプスブルク家の歴史とからむ。女帝マリア・テレジアの侍医でさえ、オランダ人のヘーラルト・ファン・スヴィーテン（Gerard van Swieten、モーツァルトのパトロンとして有名なゴットフリートの父）であった。

ジャカンはシェーンブルン宮の庭園長となり、各地に植物探検隊を派遣し、いまだヨーロッパに知られざる植物の移入に力を注いだ。すぐれた植物学者であり、また植物画家でもあったジャカンは、植物画集をも多数出版した。多忙な彼は、何人もの画家を雇い制作にいそしんだ。

ジャカンのかかわった著名な植物図譜である『オーストリア植物誌』（*Flora Austriacae*）にあるバラの画の、横向き正面から花を描くやり方は、おし葉標本を描くという意識からのものである。おし葉標本のように植物を描いた植物画は、ドイツやオーストリアの植物図譜によく見かけるものであるが、この趣向を両国だけに固有なものと見てはならない。バラの花をバラらしく描くことはかなりたいへんなことである。ルドゥーテのバラの図に見慣れてしまった現代人にはジャカンの画法はかえって新鮮に映る。ルニョーやブラックウェルの本草学の時代の面影を引きずったバラと比べると、ジャカンからルドゥーテにいたるバラの描き方の進化の道筋がおぼろげながら見えてきそうである。それ以降の新たな試みとしてレイモンドの作品を採り上げたが、正直にいってほかにこれという作品がない。

二〇世紀に入って植物画は写真にとってかわられたといえる。特にカラー写真の普及と質の向上は大きい。今日世界各地でバラの図譜が出版されているが、そのほとんどがカラー写真をふんだんに用いたものである。

植物画家にとってバラは手ごわい。ルドゥーテのバラの印象があまりに強いこともあって、独創的なバラの植物画が多くの人々に受け入れ難いものになっている、と私は思う。

私事にわたって恐縮だが、私は自分のバラへの傾倒は植物画からはじまったのではないかと思っている。病弱だったこともあり、野外で過ごすことが少なかった私は植物画を見るのが好きだった。植物画は典型的なバラの姿を伝えるだけでなく、整っている。その後、実際に目にしたバラと描かれたバラの間のギャップを埋めるのに苦労した。その植物画をいまの私は歴史の証拠物件として眺めることが多くなった。ただ、画中のバラに魅了される気持ちはいささかも変わらない。バラの図譜が読者のバラへの関心をかきたてる契機となることを祈らずにはいられない。

この章の最後にひとつだけ日本人のバラの植物図譜を紹介しておきたい。それは二口善雄による画を収め、籾山泰一と鈴木省三が解説を書いた『ばら花譜』（平凡社、一九八三年）である。二口の画は個性的であり、かつそれぞれのバラがもつ雰囲気をよく伝えている。ただ惜しまれるのは、描くもとになったバラがそれぞれの種や園芸品種としては典型的ではないものが多いことである。描画段階で植物学的な検討が十分なされなかったのだろう。

第九章　世界の野生バラ

いまやバラは世界中どこにいっても見ることのできる植物だが、園芸化以前の野生のバラは限られた地域にのみ分布していた。人が人為的に移植したり、無意識に種子を持ち込んだりなど、ともかく自然とはいえない状態で広がった範囲を除いた本来の分布範囲、これを自生地というが、バラ属の植物全種の自生地を重ね合わせてみると、大雑把には北アフリカからヨーロッパを経て中近東・コーカサス、ヒマラヤから中国、日本、シベリア、およびカナダからメキシコにいたる地域をカバーする。

そのうち多数の種が分布するのはアジアで、なかでも中国に最も多数の種があり、バラ属の分布の中心はここにある。バラの園芸種の育成に欠かせなかったコウシンバラも中国に自生する。私たちが最も西洋的な花だと感じているバラなのだが、その主要なルーツはアジアにあるといっても過言ではない。アジアの野生バラあっての現代のバラ園芸なのだが、しかしそれが単に存在したというだけでは今日のバラ園芸の隆盛は望むべくもなかった。このことはこれまでに述べてきたように、園芸というものが人間の意識がつくる文化にほかならないからである。

今日、オーストラリアやニュージーランドはバラ作りがたいへんに盛んで、バラの人気も高い。しかし、もともとそこに自生するバラの野生種はなかった。南アメリカにもバラは自生しない。また、アジアでもアメリカでも熱帯圏にはバラの自生種は少ない。東南アジアからニューギニアにかけては、フィリピンのルソン島にテリハノイバラと日本のヤブイバラに似た一種があるだけで、他の地域にはバラはまったく自生しない。

熱帯で暮らした経験の豊富な人たちに尋ねると、熱帯の低地でのバラ栽培はとてもむずかしいという。一夜にして開花直前の蕾全部をアリにむさぼり尽くされてしまったなど、温帯で暮らす私たちの想像を絶する話を耳にする。しかし、同じ熱帯でも標高の高いところは別で、たとえば東南アジアではマレーシアの標高一四五〇メートルほどのカメロン・ハイランドともなると、ここで十分に生育できる園芸品種がいくつもある。ちなみに平均気温は最高の八月でも二六度前後で三〇度は超えず、八月の平均気温としては京都の二七・七度よりも低い。野生のバラの種が育ちうる環境でもあるといえる。

ここで、急ぎ足で世界の野生バラを眺めていくことにしよう。

中国のバラ

バラ属の分布の中心は、中国西南部から西アジアにかけてであり、その中でも中国には六〇種以上の自生種があり、バラ属の分布の中心は四川省を核としているといってもよい。だが中国のバラはたいへん変異にも富み、しかも研究が十分でないために、よくわかっていないことも多く、今後にその解明がまたれるところが多い。

一方、独自の文化が発展した中国は、バラの栽培の歴史も古く、しかも園芸化に当たっては独自の発展を遂げた。数多い中国のバラのなかで世界のバラの園芸化に最も大きな貢献をしたのは、何といってもコウシンバラである。

コウシンバラ

コウシンバラ（六五ページ④参照）の名は冬の庚申月（かのえさるの日がある月）に花が咲くことに因《ちな》んでおり、ほかに月を逐《お》って年中咲き続ける花という意味の月季花とか長春という名前もある。コウシンバラは、中国でも古くから観賞用として栽培されてきた。一〇世紀ごろの絵画にはコウシンバラの品種と思われるバラが描かれている。日本にも江戸時代あるいははるか以前に渡来した。

コウシンバラが、栽培バラに主に四季咲き性の形質を与えたことはすでに述べた。一七六八年に *Rosa chinensis* の学名でジャカンが記載発表したものは人手の加わった栽培品種であった。

アイルランド出身で中国で税関に勤めながらも中国奥地の植物を調査したアウグスティ

ン・ヘンリー（Augustin Henry）は、湖北省西部の宜昌の谷間で一八八四年ごろコウシンバラの野生型と思われる単弁のバラを発見した。

広大な中国の植物は、一九世紀になってフランス、イギリス、ロシアなどの採集家と植物学者によって半ば競い合うかたちで調査されていたのである。四川省、雲南省を中心に数多くの植物学上の重要な発見をなし遂げたのは、ダヴィッド（Armand David）、ドゥラヴェ（Pierre J. Delavay）、スーリエ（J. A. Soulié）など、フランスの宣教師であったが、彼らが生きたコウシンバラをヨーロッパへ導入することに手をかしていないのは興味深い。

コウシンバラの野生型

ヘンリーは、一九〇二年に『ガーデナーズ・クロニクル』（*Gardeners' Chronicle*）誌上で、湖北省の宜昌で単弁のコウシンバラ（*Rosa indica*《ローザ・インディカ》という学名で記載されている）の発見を報告した。これが野生と考えられるコウシンバラの最初の発見報告である。

最初はイギリスの種苗商のため、また後にはハーヴァード大学アーノルド樹木園の調査隊員として、数多くの中国植物の導入を積極的に行ったのが、一八七六年にイギリスで生まれたアーネスト・ウィルソン（Ernest Henry Wilson）である。彼は一九一〇年一〇月に、四川省巴中および石泉（現・北川）でヘンリーの報告したバラとそっくりの野生のコウシンバラを見つけた。

レーダーとウィルソンは、このヘンリーとウィルソンが採集したバラをコウシンバラの野生型と考察した。一九一五年に*Rosa chinensis* f. *spontanea*《ローザ・キネンシス・スポンタネア》という学名を与え、この見解を『ウィルソン氏採集中国植物研究』（*Plantae Wilsonianae*）第二巻に発表した。ハーヴァード大学アーノルド樹木園でアジアの木本《もくほん》植物の分類学的な研究を進めていたレーダー教授は、すでにふれたようにすぐれたバラの分類体系を著したことでバラの植物学に大きな貢献を残したバラ学の第一人者でもある。

レーダーやウィルソンが野生型と見たバラの正体は、ヘンリーやウィルソンの採集した標本からうかがい知ることができる。

一八八四年にウィーンで生まれ、その後米国に移ったジョセフ・ロック（Joseph F. Rock）もまた濃い紅色の花をもつコウシンバラの野生型と考えられるものを甘粛省南部で採集している。ロックは長く中国に滞在して植物調査に従事したが、それだけでなく、雲南省麗江を中心に暮らす納西《ナシ》族の言葉を収集調査し、その最初の英語対訳辞典を出版したことでも知られている。

中国の西南部やラオスなどで採集されたコウシンバラの標本がキュー植物園やロンドン自然史博物館、パリの自然史博物館などにもかなりの数が収蔵されている。こうした標本の多くは栽培株から採取されたものと考えられるが、少なくとも一部は野生の株から得られたのではないかと想像される。レーダーが研究を行ったアーノルド樹木園の標本は、現在ではグレイ植物標本館などハーヴァード大学の他の標本館収蔵の標本と統合され、ハーヴァード大学植物標本館に保管されている。ここの標本の中にも野生と考えられるコウシンバラの標本は何点かあり、なかでも一九三三年に広西省で採集された標本は、花は直径三センチメートルほどで小さく、単弁で、深紅の花色をもつものであった。あたかもスレーターズ・クリムソン・チャイナの単弁型とでも呼びたくなるようなコウシンバラである。また、この標本館の上席研究員を務めるデーヴィッド・ビュフォード（David E. Boufford）は、京都大学に留学した経験もある、アジアの植物についてのアメリカでの第一人者である。

ビュフォードらは一九八八年から中国での野外調査を行っているが、一九八九年には四川省都江堰で、コウシンバラの野生型を発見している。これは果実だけの標本であるが、葉のかたちはリンネが *Rosa indica* と命名した、リネアン・ソサエティー収蔵標本のそれによく似ていて、これらの標本は同じコウシンバラでも葉や花のかたちが少しずつ異なっており、コウシンバラがたいへん幅広い変異をもつことを示している。

コウシンバラの野生型は高さ一・五〜二メートルの半つる性の常緑低木で、鉤状の刺を散《さん》生《せい》する。ときには枝が三メートル以上も伸び、他の樹木にからみつく。葉は長さ六〜一二センチメートルで、小葉はふつう五枚だが、まれに三枚のものもあり、多くは卵形で、長さ二・五〜五センチメートルになる。小葉には鋭い鋸歯があり、両面とも無毛で質が硬く、上面は深緑色で光沢がある。托葉の縁には腺毛がある。野生型は栽培品種のように四季咲きではなく、五月上旬から下旬ごろに、小枝の先に一個、まれに二〜三個の花をつける。柄は無毛だがまれに腺毛があることもある。萼片は、先端の部分が裂け、開花後は反り返る。花は直径五〜六センチメートルで、倒卵円形《とうらんえんけい》の五枚の花弁をもつが、香りは弱いかほとんどしない。花色はふつう紅色だが、まれに白色の花弁をもつ個体もある。雄しべと雌しべも紅色から淡い黄色に変化する。

荻巣樹徳の発見

中国は文化大革命以後、再び外国人との植物学の共同研究を認めることになった。中国の大学への留学生も受け入れるなど、いわゆる開放路線が進められていくが、日本から四川大学に留学した荻巣樹徳《おぎすみきのり》は、一九八三年五月に四川省西南部でコウシンバラの単弁の野生株を再発見した。それは、雷波の標高一五六〇〜一八五〇メートル付近の石灰岩の崩壊地で乾燥した西向き斜面である。荻巣によるとアベマキやノグルミ、パッシアナシなどが生える二次林であったという。

この雷波のコウシンバラの野生型では、花が蕾の時にはほとんど白色に近い淡いピンクなのに、開花後色素の増加によって次第に紅色に変化するという。花色の変化は標高や乾燥度など生育環境によって大きく異なり、標高一七〇〇メートル付近では色素の増加が速く開花後すぐに濃紅色に変化するが、標高一八五〇メートル付近では一個体で淡いピンクから濃紅色までの変化が見られたという。こうした違いは気温および空中湿度によって生じるのではないかと荻巣は推測している。荻巣によって発見されたこの野生株は、由来が判然としていないコウシンバラの園芸品種である、〈サングイネア〉(Sanguinea) や〈ミス・ロー〉(Miss Lowe) によく似ているという。

野生のコウシンバラの発見は、園芸界ではたいへんに注目される出来事だった。野生株の場合、同じ種といっても個体によって遺伝子型が少しずつ異なるので、園芸バラの育成にとって遺伝子型を異にする個体の発見は重要な意味をもつのである。

十余年にわたる調査を通じて、荻巣は四川省で十数ヵ所もの自生地を確認している。そのほとんどの花色は、雷波の個体と同じように変化に富んでいるという。しかし、一九九二年に彼は北川で白色花をもつ個体を発見した。四川省北部の青川では花色に変化がなくピンク色を保つものや、白から紅色に変化するもの、コウシンバラの園芸品種〈ムタビリス〉(Mutabilis) のように淡黄色から橙黄色に変化するものなどさまざまな個体を観察することができたという。

荻巣の行った長年にわたる、四川省でのコウシンバラの探索で、野生のコウシンバラのもつ大きな変異性がかなり明らかになった。このことはコウシンバラの成立の謎を解くうえで特記に値する重要な貢献であった。しかし、この荻巣の偉業は残念ながら日本ではあまり知られていない。

埋め難い差異

荻巣の報告やコウシンバラの野生型の標本を調べて気がつくことは、すでに述べたことだがその変異の大きいことである。しかし、その幅広い変異を超え、野生型とコウシンバラとして栽培される栽培型の間にはなお埋め難い隔たりがある。コウシンバラはそもそも単なる野生型を改良したバラではなく、他種との交配や選択を経て生み出された園芸種なのではないかという疑いが生まれてくる。

だがそうした栽培型のコウシンバラも雌しべの花柱を調べてみると、ひとつひとつが離生しており、雄しべよりも短い。花柱が離生するのは野生型も同様である。バラの園芸化に貢献する同じ中国産のローザ・ギガンテアも花柱は離生し、コウシンバラと同じコウシンバラ節に分類される。中国には三種からなるこの節の他の一種である、ローザ・ルキディッシマ(*Rosa lucidissima*)も自生している。もし栽培型のコウシンバラが交配による産物であるとしたら、それはコウシンバラといったいどの種の交配によるものなのだろうか。この点はまだ解明されていない。さらにコウシンバラの成立を解明するうえでは、コウシンバラ節に分類される三種の間の遺伝的な関係および他種との交雑の可能性についての広範囲な研究が必要である。

大花香水月季

ローザ・ギガンテアは中国西南部の雲南省のみに分布する。このバラを記載したクレパンがタイプとしたのは雲南省南部の思芽および蒙自で採られた標本である。ローザ・ギガンテアはコウシンバラに次いで、現代バラの育成に重要な役割を果たした。特にコウシンバラとこのバラを交配することで、ローザ・オドラータ（*Rosa odorata*）、いわゆるティー・ローズが誕生した。

モダーン・ガーデン・ローズの誕生に重要な役割をもつ、例の四つのバラのうち、ヒュームズ・ブラシュ・ティー・センティド・チャイナとパークス・イエロー・ティー・センティド・チャイナはローザ・ギガンテアがその由来に深くかかわっている。

ティー・ローズは中国では「香水月季」と呼ばれている。レーダーとウィルソンや中国の世界的バラ科植物の研究家、愈徳浚などは、ローザ・ギガンテアこそがこの香水月季の野生型と考察する。一九八五年に刊行された『中国植物誌』バラ科でも谷粹芝はこの説を採り、ローザ・ギガンテアに「大花香水月季」という中国名を与えている。私はまだ「香水月季」の起源について、ここに自説を述べる自信がない。

これまで言及しなかったが、忘れてならない点は、香水月季、すなわちローザ・ギガンテアの導入によって剣弁高芯《けんべんこうしん》咲きという花型がバラに誕生したことである。花弁の先が裏側に折れ曲がる剣弁咲きはバラの花を一層優美なものとしたのである。

ローザ・ギガンテアはコウシンバラによく似ているが、コウシンバラの野生型よりも、葉質は厚く、半常緑または常緑性で、ふつうは七枚の小葉からなる。小葉はコウシンバラがふつうは卵形であるのに対して楕円形あるいは長楕円形である。托葉のかたちもよく似るがコウシンバラのように、縁全体に腺毛を生じることなく、先端の離生部分だけに腺毛が出る。六～九月ごろに咲く花は、一個または数個が花序につき、乳白色あるいは淡黄色であることが多く、直径八～一〇センチメートルで強い芳香がある。花弁は両端が下方へ反り返り、剣状になる。花柱は離生し、雄しべと同じ長さになる。花でコウシンバラとの目立つ違いは、萼片は先端までまったくかほとんど分裂しないことである。果実は偏平な球形またはフラスコ形で、熟すと赤くなる。

多様な中国の野生バラ

限られた紙数では多様性に最も富む中国の野生バラの全種をとても紹介できない。興味深いいくつかの種を取り上げるにとどめておくことにしよう。

中国中部から西南部にかけて分布するローザ・ヘレナエ（*Rosa helenae* ※一六六ページ㉘）は長い匍匐枝《ほふくし》を出して、しばしば群生する。ノイバラ節に分類され、五～七月ごろ、芳香のある白い花が散房状《さんぼう》に多数密生する。テリハノイバラを想わせるバラだが、今後のバラの園芸化では活用されるべき野生種のひとつではないだろうか。

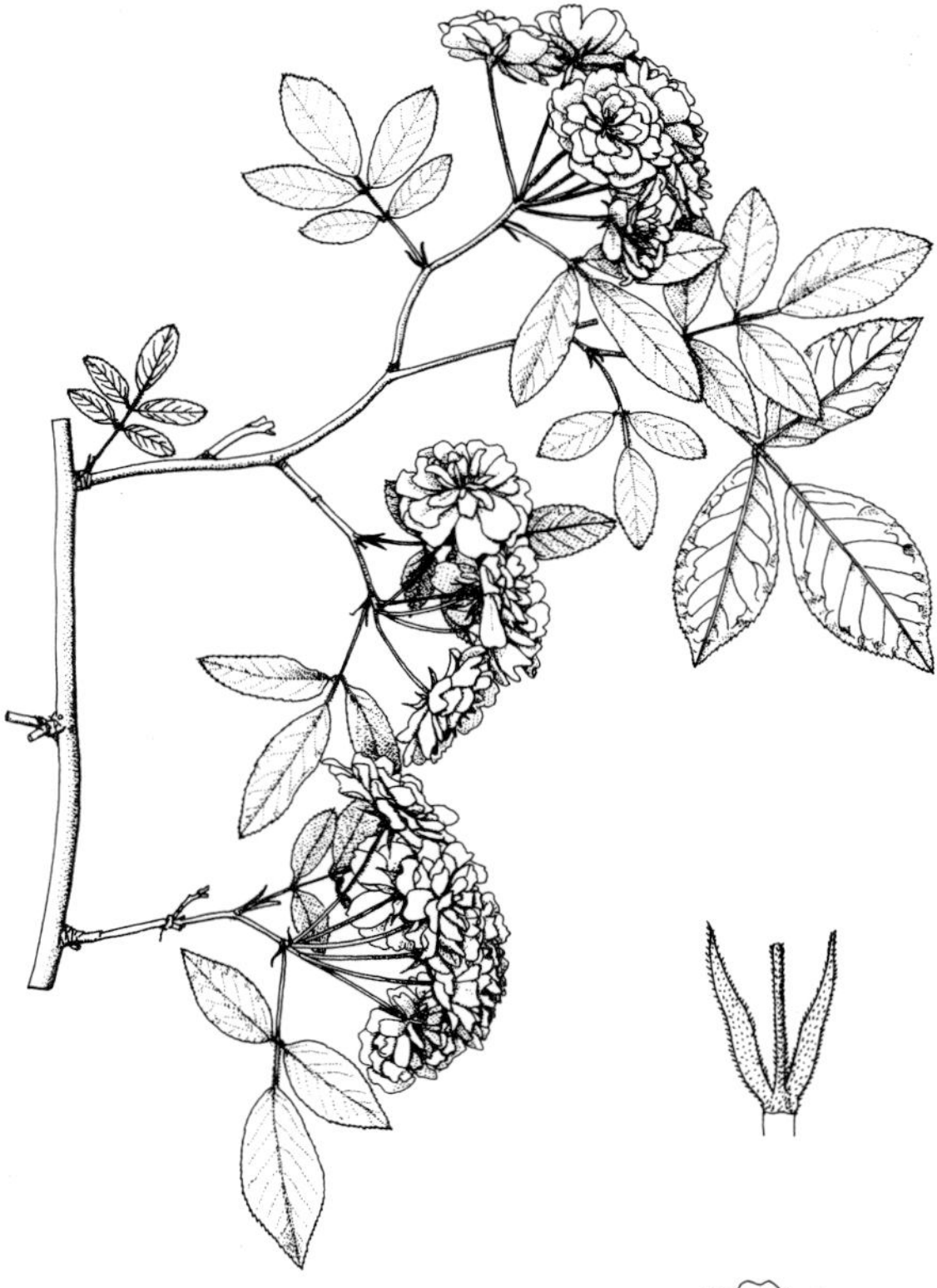

図14　モッコウバラ　*Rosa banksiae*

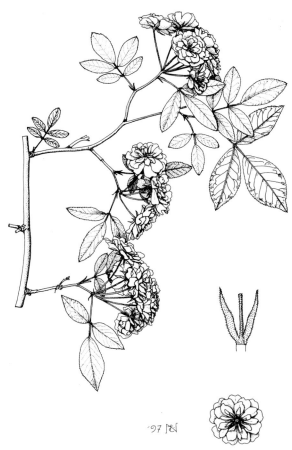

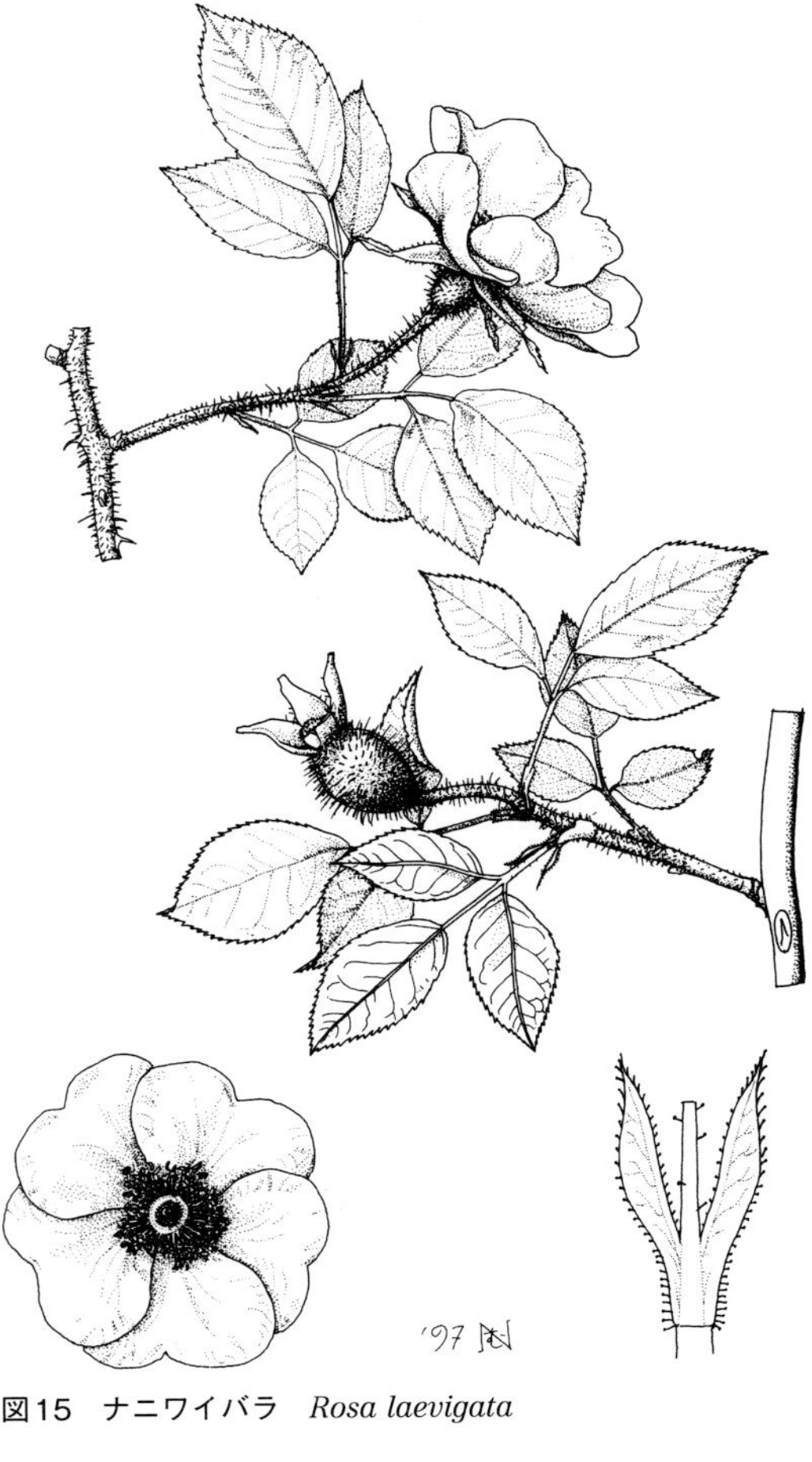

図15　ナニワイバラ　*Rosa laevigata*

ローザ・モエシイ（*Rosa moyesii* ※一六六ページ㉙）はハマナス節に分類される。中国の西部、四川、雲南省の標高二七〇〇～三八〇〇メートルに分布する、高さ一～三メートルの低木である。小葉は七～一三枚で、先は急にとがる。小葉の下面は葉脈が突出し、これに沿って毛がはえる。六～七月ごろ、深紅色で直径四～六センチメートルの花が枝先に一～三個つく。萼裂片は先が細長く伸び、羽状に浅裂する。花柱は雄しべよりも短く、離生する。熟すと紫紅色になる果実は狭卵形《きょうらんけい》で、長さ約五センチメートルになる。

江戸時代中期に日本に渡来したモッコウバラ（*Rosa banksiae*）（図14※一六六ページ㉚）は中国中南部が原産である。モッコウバラ節に分類され、つる性の常緑低木で、長さ約六メートルになり、全体に無毛で、しかも刺がまったくないのがバラとしては変わっている。四～五月ごろ、枝先の散房花序に、八重咲きで淡黄色または白の小ぶりの花がつく。まれに単弁の白花の個体や、同じく単弁の淡黄色の花をもつ個体もみられる。

ナニワイバラ（*Rosa laevigata*）（図15※一二五ページ㉑）も中国中南部および台湾原産で、江戸時代に日本に入り、現在では四国、九州で野生化している。モッコウバラに近縁であるが、外見はまったく異なる。ナニワイバラ節に分類され、花が単生し、萼筒と花柄に刺毛が密生するのが特徴である。

峨眉山薔薇

ローザ・オメイエンシス（*Rosa omeiensis* ※一六六ページ㉛）は新疆を除く中国西部に広く分布する。オメイエンシスの種小名は四川省の名山峨眉山《オーメイシャン》に因む。ピンピネリフォリア節に分類される。同じ節のヒマラヤに分布するローザ・セリケア（*Rosa sericea* ※一六六ページ㉜）によく似ており、私は同種ではないかとの疑いをもっている。しかし、友人で中国の野生植物に詳しい雲南植物研究所の武素功によると、両種は別だという。ローザ・オメイエンシスの方が生育する高度も高いということである。

高さ一～二メートルの直立する低木で、葉の基部には鋭い刺がある。小葉はふつう九～一三枚だが、ときに一七枚のものもある。五～六月ごろ、葉腋《ようえき》に直径二・五～三・五センチメートルの白い花が一個つく。萼裂片と花弁はふつう四枚で、雄しべは花弁より著しく短く、離生する。紅色の果実はフラスコ形または卵球形で、長さ〇・八～一・五センチメートルになる。

ローザ・ロクスブルギイ（*Rosa roxburghii* ※一六六ページ㉝）は中国東部から新疆を除く中国西部にかけて広く分布し、次章で述べる八重咲きの園芸品種イザヨイバラの野生種と見なされている。サンショウバラ節に分類される。高さ一～二・五メートルの低木。小葉は九～一五枚で、長さ一～二センチメートル。五～七月ごろ、直径五～六センチメートルの花が枝先に一つまたは数個つく。花は淡紅色または粉紅色で、かすかに芳香がある。萼の外面には針状の刺がある。雄しべは多数あり、萼筒の辺縁につくが、花柱は萼筒の基部につき、離生し、雄しべよりも短い。

ヒマラヤのバラ

ヒマラヤ地域はモンスーンの影響で、ネパール中部を境にして、夏に雨の多い東ヒマラヤと、ほとんど雨の降らない西ヒマラヤに大きく分けられる。その植生も東西で大きく異なり、バラ属では東ヒマラヤには西ヒマラヤに見られるような紅色の花の種はなく、白色の種しかない。世界でも有数といえる多様な植物が見られるヒマラヤではあるが、ここでのバラ属の多様性はきわめて低い。それでも五種の野生バラがあるが、その分類にはまだ問題が残っている。

なかでも園芸バラの誕生にも深くかかわるローザ・モスカータ（一六六ページ㉞）とヒマラヤの自生種ローザ・ブルノニイ（*Rosa brunonii* ※一六六ページ㉟）の関係は多くの関心を集めている。また、両者を同じ種とする見解もある。

ヒマラヤ地域の都市でもバラはよく栽培されているが、それは八重咲きの園芸バラで、一重咲きの野生種は見かけない。またヒマラヤの山中に住む人々は、ツツジ科のシャクナゲ類の花を髪や衣服に飾るが、同じように十分美しいと私には思える野生のバラを飾っている様子はない。ここでは野生のバラは、単に刺だらけのうとましい植物にすぎないのだろう。

㉘ ローザ・ヘレナエ

㉙ ローザ・モエシイ

㉚ モッコウバラ

㉛ ローザ・
オメイエンシス

㉜ ローザ・セリケア

㉝ ローザ・
ロクスブルギイ

㉞ ローザ・モスカータ

㉟ ローザ・ブルノニイ

㊱ ローザ・
ウェッビアナ

ヒマラヤン・ムスク・ローズ

ローザ・ブルノニイの英名はヒマラヤン・ムスク・ローズ（Himalayan musk rose）で、このバラはカシミールからヒマラヤを経て、中国西南部、ビルマ（現・ミャンマー）に分布する。頑丈なつるバラで、ノイバラ節に分類され、事実ノイバラに似たところがある。四〜六月に枝先に総状花序《そうじょう》を出し、多数の花を開く。花柄には腺毛がある。花は白で、直径二・五〜四センチメートルになり、よい香りがする。萼裂片は細い披針形《ひしんけい》で先は長く伸び、ほとんど鋸歯がなく開出し、果期には脱落する。葉は五〜七枚の小葉からなる。小葉は楕円形、長楕円形から披針形で細かい鋸歯をもち、長さ三〜五センチメートルになる。葉柄と中軸は柔らかい毛があり、刺がある。果実は長さ一・五センチメートルに達し、球形から卵形で暗褐色になり、総状につく。

二〇種以上あるノイバラ節の野生種の中で、ローザ・モスカータはノイバラ、テリハノイバラに並び、バラの園芸化に重要な役割を果たしている。

余談になるが、そのローザ・モスカータについて、アメリカのデラウェア州立大学で植物資源学にたずさわっているアーサー・タッカー（Arthur G. Tucker）が一九八八年にヒマラヤのムスク・ローズについての論文を書いていることがわかり、さっそく取り寄せてみた。しかし、その結論は、ローザ・ブルノニイとローザ・モスカータすなわちムスク・ローズは両者の変異性が十分に研究されていないので、最終決定はできないが同種ではないというものだった。現状としてはこういうしかないのかも知れないが、少しがっかりしたことを覚えている。

ノイバラの仲間

ところで、ローザ・モスカータは一七六二年にヘルマン（Jean Herrman）によって、半八重咲きの栽培株をもとに記載されたが、命名の際の基準になったタイプ標本は見つかっていない。その原産地については、インドあるいは中国南部といわれることが多いが証拠はない。

一方、ローザ・ブルノニイは、スコットランド人の医者で植物学者であったフランシス・ブキャナン（後のハミルトン卿 Francis Buchanan-Hamilton）が一八〇二年または一八〇三年にカトマンズ近郊で採集した標本および、先に名前をあげたウォーリックが一八一九年に同じネパールのカトマンズ盆地で採集した標本にもとづいて、リンドレイが記載した。この二点の標本は、ロンドンの自然史博物館に保管されている。リンドレイはバラの愛好家の垂涎の的であるすぐれた図譜、『バラ属分類誌』を著したことで知られている。この出版は一八二〇年で、ローザ・ブルノニイもこの本で正式に発表された。

私は、ムスク・ローズは地中海地域から西アジアに分布する野生種に由来すると考えている。中国と日本のノイバラによく似たバラとして、西から地中海地域〜西アジアにローザ・モスカータ（野生型）、北アフリカとアラビア半島にローザ・アビシニカ、ヒマラヤにローザ・ブルノニイがある。それらはお互いによく似ているが、その中では托葉の性質などでノイバラがかなり異なっていることが注目される。

ローザ・セリケア

ローザ・セリケア（図16※一六六ページ㉜）は花の大きさ、果実のかたちなど変化に富んだ種で、インド西北部からビルマ、中国西南部まで分布し、標高二一〇〇〜四五〇〇メートルの山岳地帯から亜高山帯の疎林、林縁、岩場の斜面などに生育する。中国のローザ・オメイエンシスがこれによく似ていることはすでに述べた。

直立する硬い幹をもつ高さ約二メートルの低木で、全体が無毛であることが多い。葉は短枝につき鮮やかな緑黄色だが葉柄はしばしば紅紫色を帯びる。楕円形の小葉は五〜一一枚で、長さ〇・八〜二・五センチメートル。頂小葉は側小葉よりも大きい。七月ごろ、白またはクリーム色で直径四〜六センチメートルの花が葉腋に一個つく。花弁は四または五枚で、地域によりどちらかの枚数が優勢になる。

長さ一〜一・五センチメートルの果実は、熟すと光沢のある鮮赤色になるが、分布域の西側ほど球形のものが多く、東側ではフラスコ形になるが、この間にはあらゆる中間段階のか

図16　ローザ・セリケア　*Rosa sericea*　ネパール中部のヒマラヤ山中に野生。上は花、下は果実（1983年7月撮影）

たちをした果実が見られる。この果実を、ネパールでは牧童らが食べていた。

ヒマラヤのタカネバラ

ローザ・ウェッビアナ（*Rosa webbiana* ※一六六ページ㊱）はパキスタン北部から西ネパールにかけての標高一五〇〇〜四一〇〇メートルに分布する。岩場の斜面や川畔から人家の周辺にもごくふつうに見られ、川畔では長大な群落をつくることがある。礫の安定の不十分なところを好んで生える傾向があるためか、このバラの生える周囲は石と岩の暗い灰色が目立つ。「万緑叢中紅一点」という言葉があるが、暗灰色の中でこのバラに出会ったときの喜びはそれに勝るとも劣らぬものがある。全体にタカネバラ（*Rosa nipponensis* ※図17）に似たところがあり、ハマナス節に分類される。高さ約二・五メートルの低木で、細長いまっすぐな刺が多数ある幹は、葉とともにしばしば暗紅色から明桃色に変わる。花は枝先に一つまたは数個つき、直径二・五〜七センチメートルになる。萼には腺毛がある。花色はピンクだが、濃淡には変異がある。

図17　タカネバラ

ヒマラヤでは原住民はほとんどこうした野生の一重《ひとえ》のバラの花に関心を示さない。花以前にその鋭い刺に辟易しているという感じである。彼らは八重咲きの花を好む。一重のバラは花の中では大きい方だが、彼らの価値ある花の部類には入らないのだろう。ロゼット文様の誕生も、現在のヒマラヤの人々が抱く、たくさんの花弁が重なった八重咲き好みに通じるものがある。

西アジアのバラ

オールド・ガーデン・ローズについて書いた第六章で、西アジアのバラについても多少ふれてきた。何しろ園芸化の中心地に近く、また中世のイスラム圏でのバラの園芸化では、西アジアはその本拠地でもあったのだから、この地域のバラが園芸化に大きな貢献をしたことは否定できない。しかしながら私は西アジアをほとんど知らない。わずかにサウディ・アラビアを訪ねただけである。ローザ・アビシニカ以外は文献での紹介しかできないのが残念である。

ローザ・ペルシカ

西アジアを代表する野生バラといえば、誰もがこのローザ・ペルシカ（*Rosa persica* ※二〇九ページ㊲）を筆頭にあげることだろう。なにしろ、これもバラかというくらい変わったバラで、他のバラとは別の属（*Hulthemia*）に分類する見解もある。バラ属に含める立場でもこの種一種だけで、一つの亜属フルテミア亜属を設けて、他のすべてのバラの種と対峙させているほどである。

ローザ・ペルシカは西アジアから中央アジアに分布する。バラの葉はいくつもの小葉に分かれる複葉であるが、このバラは単葉で小葉に分かれない。バラの葉というよりも、メギの葉のような印象を受ける。托葉が針状の刺に変わっている。これだけでも十分変わっているのだが、花は黄色で、しかも基部に黒褐色のブロッチ（目）をもつ。バラ属の中でブロッチをもつのもこのローザ・ペルシカだけである。

茎は高さ五〇センチメートルほどになり、多数の細い枝を分かつ。葉は楕円形または長楕円形で、長さ二～四センチメートル、幅一・五～二センチメートルになり、縁にはまばらに鋸歯がでる。花は直径三～四センチメートルになり、花弁は卵形で、先はわずかに窪み、水平には開かず中開きである。

このバラと交配することで、園芸バラにブロッチをもつ園芸品種を作り出すことができるようになったことは重要である。

ローザ・フェティダ

フェティダとは臭いという意味で、文字通りこのバラには青臭みのある強烈な香りがある。アフガニスタンからイラン、イラクにかけて分布しており、ヨーロッパには一六世紀にはもたらされていた。一三世紀にはスペインのモール地方で栽培されていたという記録もある。

樹高は高さ三メートルほどになる。花は枝先にふつう一つずつつき、葉が五〜九個の小葉からなり、ヒマラヤのローザ・セリケアと同じピンピネリフォリア節に分類される。枝には刺が多い。花は濃黄色で、直径五〜一〇センチメートルになる。

ローザ・フェティダもバラの園芸化に重要な役割を果たすのである。それはバラに濃黄色の花色をもたらしたことである。ローザ・フェティダが導入されるまで、黄色のバラといえば、ヨーロッパには野生種ではローザ・フェティダと同じ節に分類されるローザ・スピノシッシマ（*Rosa spinosissima*）とローザ・ヘミスフェリカ（*Rosa hemisphaerica*）があるだけだった。園芸のバラでも黄色の花をもつものは少なく、コウシンバラの〈パークス・イエロー・ティー-センティド・チャイナ〉の淡い黄色か、ノワゼットバラの〈マレシャル・ニエル〉（Maréchal Niel）のレモン・イエローが最も色濃い方であった。

現在のハイブリッド・ティー・ローズの黄色の花は、ローザ・フェティダの八重咲きの園芸品種〈ペルシアナ〉に由来するものといってよい。この一群をハイブリッド・ティー・ローズ系から区別しペルシアナ系と呼ぶこともある。

ローザ・フェティダには、〈ペルシアナ〉と並ぶ、著名な園芸品種〈ビコロール〉（Bicolor）、英名オーストリアン・カッパー・ローズ（Austrian copper rose）がある。この園芸品種は単弁だが、花弁は表面が赤みを帯びたオレンジ色で、裏面が濃黄色になる。ビコロールとは二色という意味だが、この名前は花弁が裏表で色が異なることに因む。

一七九九年に刊行された最初のバラの図譜とされるメリー・ローランス（Mary Lawrance）の『自然からのバラの蒐集』（*A Collection of Roses from Nature*）に、この〈ビコロール〉が描かれている。それからして少なくとも一八世紀末までにこのバラがヨーロッパに入っていたということになる。なお、ピンピネリフォリア節の野生バラで、ローザ・フェティダのように濃黄色の花をもつローザ・キサンティナ（*Rosa xanthina*）は中国で「黄玫瑰」といわれ、中国東北地方から朝鮮に分布する。地元でも栽培されるが、一九〇六年にヨーロッパに導入された。

ローザ・アビシニカ

ノイバラは日本を代表する野生のバラだが、西アジアから地中海沿岸地域に分布するローザ・モスカータがノイバラによく似た趣きがあることはすでに述べた。ノイバラのようにつる性で、花序には二〇から三〇個もの花を散房状につける。ノイバラよりもはるかに芳香性が強い。乳白色の五枚の花弁は三角状で先は少し窪んでいることもあるが、窪みがほとんどない個体もある。ノイバラのようにほぼ水平に開く。

ところでローザ・モスカータによく似た野生種にローザ・アビシニカがある。学名のアビシニカはアビシニア地方、すなわち現在のエティオピア高地の地名からきている。私はこの

図18　ローザ・アビシニカ　*Rosa abyssinica*　アラビア半島アシール山地アブハ周辺に野生（1996年6月撮影）

バラをアラビア半島南西部のアシール地方で見ることができた（図18）。アラビアといえば沙漠というイメージが日本人にはあるが、紅海に沿う半島の南西部には海抜二〇〇〇メートルを超す山地が連なる。その山地にはマントヒヒのようにアフリカ東部と共通する動物を数多く見ることができる。

ローザ・アビシニカを最初に見たのは標高二四〇〇メートルほどのアブハ市郊外で道路端に日本のノイバラのように点々と生えていた。盛夏でも冷涼な高原気候に恵まれたアブハ市は避暑に最適な場所としてサウディ・アラビアの経済的発展とともに急速に都市化したが、中心地から車で二〇分も走ればたちまち牧草地や畑地の多い郊外に出ることができる。

ローザ・アビシニカもその佇《たたず》まいはノイ

バラにそっくりである。ローザ・モスカータも同じだが、雌しべはノイバラ同様に合着し、托葉も葉柄に沿着していることから、ノイバラ節の種であることがすぐにわかる。花弁もノイバラのように水平に開き、倒卵形で先はわずかに窪んでいる。齢を重ねた茎は樹木の間を高さ三メートルにも伸び、基部の方を見ると鋭い大きな刺が出ていた。このような刺はノイバラでは見ないが、刺のつき方はノイバラ同様にまばらであった。

だが、よく見るとこのバラがノイバラとははっきり異なる特徴をもっていることがわかる。第一に花柱には明らかに毛が生え、無毛のノイバラとは異なる。さらに、托葉はふつう赤みを帯び硬質でしかも縁にはほとんど鋸歯がない。草質で柔らかく、しかも櫛の歯状に縁が裂け、裂片の先が腺状になるノイバラの托葉とは大違いである。ローザ・アビシニカが有毛の花柱をもつことは重要である。ローザ・モスカータも有毛の花柱をもつからである。これに対して同じノイバラ節に分類され南西アジアからギリシアにかけて分布するフェニキアバラやヨーロッパのノイバラともいえるローザ・アルウェンシスの花柱は無毛である。

ローザ・アビシニカはローザ・モスカータに似て花にとても強い芳香がある。遠目には純白そのものに見えた花だが、近寄ると花の喉のところに多数の小昆虫が集まっていた。蜜を集めているのである。時折、花に集まったこの小さな昆虫をねらって甲虫が花にやってくる。雄しべが甲虫の腹の部分に接触している。その甲虫が花粉を媒介する役割を果たしている。日本のノイバラでも同様なことが観察できる。

古くから香料用に栽培されるダマスクバラには、一季咲きのサマー・ダマスクと秋に返り咲くオータム・ダマスクの二系統があったことを述べた。オータム・ダマスクはローザ・ガリカとローザ・モスカータの交配に由来するとされているが、それがローザ・モスカータではなくローザ・アビシニカだということを唱える人もいる。だが、この説を検討する前に、ローザ・モスカータとローザ・アビシニカがはたして別種のバラなのかどうかを研究する必要があるだろう。

この二つのバラの野生種を区別するという見解が、たとえ双方の中でお互いにはっきり違う極端な個体にもとづいたとしても、ひとたびその二つが別種として区別されてしまうと、それが同種であるという結論はなかなか下せないものである。

野生のバラの多様性を明らかにしたのは分類学者の貢献だが、研究の過程では本来は同じ種に属する個体が人為的に別の種とされてしまうような誤りも当然起こりうることであった。野生バラの正しい理解に至るには、こうした問題を正すことを含めた分類学的な研究がまだまだ不足しているのである。

園芸家は往々にして変異の大きい種を、いくつかの種に分けて扱う傾向がある。こうして細分化された種にいったん名前が与えられると、それが区別できないことは具体的な例を提示してさえなかなか理解されないものである。問題のある既知種をこうしてひとつひとつ再検討していく研究はバラの体系的な理解に不可欠なのだが、新種を発表することに比べると労多くして報われない。バラの分類を困難にしている背景にはこうした事情もある。

ヨーロッパのバラ

ヨーロッパはバラの栽培が盛んだが、バラ属の野生種も数多い。今日の園芸バラが登場する以前には、数種の野生バラが観賞用に栽培されていた。また園芸種の交配のために導入された、ハマナスや中央アジア原産のローザ・フェティダなどが、野生化している。

第四章で言及したガンドジェはヨーロッパと西アジアだけで四〇〇〇種以上のバラを記載したが、その数の多さに驚嘆する。その数が日本に自生する全植物の種数に匹敵するからだ。確かにヨーロッパにも野生バラがたくさんある。都市を離れ、郊外に出れば必ずといってよいくらい、土手や林の縁などで野生のバラに出会うことができる。

一九六八年に出版された最初の『ヨーロッパ植物誌』(*Flora Europaea*)で、クラテルスキー(I. Klášterský)はヨーロッパに四七種の野生バラがあるとしている。ガンドジェの四〇〇〇以上に比べたら、一〇〇分の一ほどの数だが、それでもヨーロッパは野生バラの宝庫といえる。

イヌバラ

ヨーロッパのバラで第一に取り上げたいのは英名をドッグ・ローズ（Dog rose ※二〇九ページ㊳）という、ローザ・カニナ（*Rosa canina*）だろう。本書ではイヌバラと呼ぶことにするが、英名のドッグはもちろん学名の種小名の *canina* も、ともに犬のことで、イヌバラの果実や花弁を煎じたものが犬の皮膚病に効くことから、犬と関係する名前がついたという。

イヌバラ（図19）は、イヌバラ節に分類され、ヨーロッパ南部の地中海地方から北緯六二度までの広い範囲に分布する。高さ約三メートルの落葉低木で、枝には曲がった鋭い刺がある。小葉は五または七枚で、長さ一・五～四センチメートルの卵形または楕円形。無毛で、上面は光沢を帯びる。托葉は全縁で、葉柄に合着する。

六～七月ごろ、直径四～五センチメートルの花が、一つまたは数個つく。萼裂片は花後に反転し、脱落する。花弁はピンクまたは白色で、長さ約二・五センチメートル。雌しべは合着せず、頭状の柱頭をもつ。果実は楕円形で、長さ二～三センチメートルになり、熟すと光沢のある深紅色になる。

イヌバラは、葉や花のかたちや大きさの変異が大きく、よく似た種もヨーロッパに一五種以上あり、その区別は簡単ではない。イヌバラの仲間の種を区別することのむずかしさが、野生のバラの分類がむずかしいという印象をヨーロッパの植物愛好家に与えたのである。

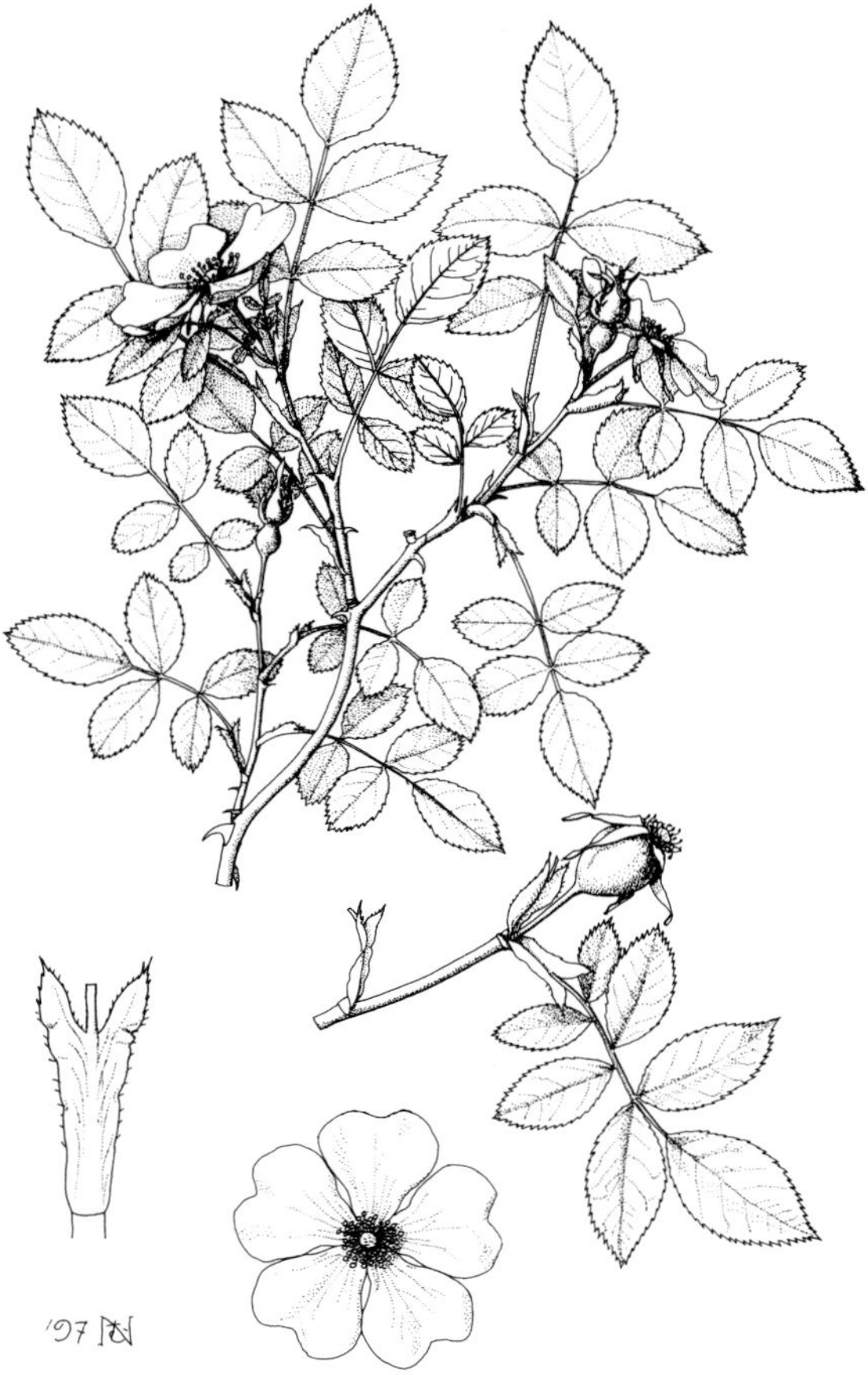

図19　イヌバラ　*Rosa canina*

豊富なビタミン

イヌバラはアジアなどから移入された種との交配に用いられ、園芸バラの作出にも大きな役割を果たした。分布が広く、丈夫であることからヨーロッパでは台木に利用される。また果実には、一個につきオレンジ二〇個分ものビタミンCのほか、ビタミンAも多量に含まれる。ヨーロッパの北部では、この果実をシロップに利用する。植物に造詣の深かった春山行夫はバラにも多大の関心を寄せた詩人で、バラについて書いたものも多い。以下のことは春山の『花の文化史』(一九六四年、雪華社)からの引用である。イギリスでは第二次世界大戦が始まると柑橘類の輸入を中止したので、イヌバラのヒップを集める運動を起こしたそうである。一九四一年には一二〇トン、四二年には「バラ作戦」の名称で三四〇トン、四三年には五〇〇トンが集まったという。五〇〇トンをヒップの数で表すと三億三五〇〇万個になるとのことである。またビタミンCの量ではオレンジ二五〇〇万個に相当したそうである。さすがバラを国花とするにふさわしいお国柄というべきか。

アルプスのバラ

ローザ・ペンドゥリナ(*Rosa pendulina* ※二〇九ページ㊴)はヨーロッパ中・南部に分布し、亜高山帯の針葉樹林に生えていることが多い。低木で、日本のタカネバラによく似ており、ハマナス節に分類される。ヨーロッパでは一般に「アルプスのバラ」と俗称されている。茎はふつう紅紫色を帯び、刺は少ないか、まったくない。葉の両面には毛が散生し、小葉は七または九枚で、長さ二〜六センチメートルの卵状楕円形である。五〜六月ごろ、一個ときに二〜五個の紅紫色またはピンクの清楚な感じのする花がつく。花弁は半開きで、水平に開くことはない。果実は卵状楕円形で、熟すと深い紅色となり、垂れ下がる。

ヨーロッパのノバラ

これまでに述べたヨーロッパの野生バラは花柱が離生するが、ローザ・アルウェンシス（二〇九ページ㊵）は、合着した花柱をもちノイバラ節に分類される。学名の種小名は野原の意味で、ヨーロッパの人たちにとってみれば本種が正真正銘のノバラに当たるわけである。ヨーロッパに広く分布するつる性の低木で、高さ約二メートルになる。

シューベルトやヴェルナーが歌曲にしたゲーテの詩「野ばら」は日本でも広く知られている。ゲーテは二一歳の時、ストラスブールに留学した。近郊の村ゼーゼンハイムの牧師館の娘、フリーデリケ・ブリオンと知り合ったが、学位を取ったゲーテは一〇ヵ月後にフリーデリケに別れを告げた。三歳若い金髪で青い目のフリーデリケは目に涙をためて見送ったという。「野ばら」には、この純真な少女を裏切ったゲーテの罪の意識が投影されているといわれる。

この「野ばら」の詩は特定の植物を想定したものではないであろう。ただこの乳白色の花を開くこのバラの趣きはゲーテが『芸術のバラ』の詩に刻んだ、恥ずかしさに頬を紅く染めて佇《たたず》む少女の趣に、最も馴染むように思えてならない。フランスやスペインでは道端や鉄道の線路わき、ブドウ畑などによく見かける。小葉は卵形で七枚あり、長さ一〜四センチメートルになる。花は白く、直径約三センチメートルで、初夏に咲くが香りがない。一九世紀前半に本種を交配親とするエアシャー・ローズ（Ayrshire rose）という白色またはピンクの一重の花をもつ丈夫な園芸バラがつくられたことがある。

ローザ・センペルウィレンスもノイバラ節に分類される。テリハノイバラのような常緑で強壮なつる性のバラで、地中海地域に分布する。高さは約五メートルになる。白い花は直径三〜五センチメートルで、花序に数個つき、芳香がある。

ローザ・スピノシッシマ

ヨーロッパから西アジアに分布するローザ・スピノシッシマ（二〇九ページ㊶）は、中国や朝鮮に分布するツルノイバラ（*Rosa maximowicziana*）に酷似し、同種とされたこともある。ローザ・フェティダやローザ・セリケアと同じピンピネリフォリア節に分類される。樹高は二メートルを超えることはまれで、枝は褐色で、細い針状の刺が密生する。古い茎では刺の脱落した跡が白いまだら模様をつくっている。小葉は七または九ときに一一枚で、裏面には腺毛や柔毛が散生していることが多い。花は直径四〜六センチメートルで、芳香があり、ふつうは乳白色あるいはクリーム色である。旺盛なバラで、北アメリカにも帰化している。花色には変化があり、栽培されることもある。栽培株ではレモン・イエロー、ピンク、淡い紫色を帯びる花色のものが知られている。

アメリカのバラ

カナダとアメリカ合衆国には三十数種の野生バラがある。これらのバラはバラ亜属の二つの節、カロリナ節とハマナス節、およびヘスペロードス亜属に分類される。カロリナ節とヘスペロードス亜属は北アメリカに固有である。

アパラチアのバラ

花が終わると萼裂片が水平に開きやがて脱落することと、果実が萼筒の基底にだけつくのがカロリナ節のバラの特徴である。茎には針状の細い刺がある。ハマナス節のバラはカロリナ節の種と系統的に近いが、萼裂片は果実期まで残るし、果実は基底ばかりでなく萼筒の側壁にもつく。カロリナ節には八種ほどがある。

ローザ・カロリナ（*Rosa carolina*）は北アメリカ東部のアパラチア山地を中心に分布する。高さ一〜一・五メートルの低木で、葉はふつう五、まれに七枚の楕円形あるいは披針形、長さ一〜三センチメートルの小葉からなる。花は枝先に単生し、ハマナスに似ており、ピンク色で七、八月に咲き、直径五センチメートルくらいになり、とても香りが強い。

アメリカでパスチャー・ローズ（Pasture rose 牧場のバラの意味）の名前で栽培されているバラはローザ・カロリナで、一八二六年にはじめて園芸的に利用されるようになったと、『アメリカのバラ』（*Roses of America*, 1990）を著した、アメリカでは最も著名なバラ研究家であるステファン・スカンニェロ（Stephan Scanniello）は、このことを同書の中で述べている。

ローザ・カロリナに似た種にローザ・ウィルギニアナ（*Rosa virginiana*）、ローザ・ニティダ（*Rosa nitida*）、ローザ・フォリオーサ（*Rosa foliosa*）がある。これらの三種のうち前二種は北アメリカ東部に、他の一種は南部に分布する。

「ヴァージニアの」という意味の種小名をもつローザ・ウィルギニアナはローザ・カロリナに似るが、ふつう刺は曲がり、小葉は七または九枚である。ローザ・ニティダは全体に刺が密生し、花には一〜三センチメートルになる柄がある。小葉の数も七または一一枚と多い。同様に多数の小葉をもつのがローザ・フォリオーサであるが、刺は少なく、花の柄は長くても一センチメートルを超えない。これらの野生バラのうちローザ・ニティダだけが園芸に利用されている。本種とハマナスとの交配によるローザ・ルゴティダ（*Rosa rugotida*）は丈夫で紫色を帯びたピンク色の花をもつ。

オオタカネバラ

ハマナス節の野生種の中で注目されるのはヨーロッパ北部から日本にも分布するオオタカネバラ（*Rosa acicularis* ※二〇九ページ㊷）であり、本種はバラ属中唯一の周北極要素と見なされる種である。オオタカネバラに似るが花が単生ではなく多数が花序につき、小葉も七または一一枚あるのがローザ・アルカンサーナ（*Rosa arkansana*）とローザ・スフルタ（*Rosa suffulta*）であり、北アメリカの中央部から、前者は西部に、後者は東部にかけて分布する。ハマナス節の北アメリカ産野生種は、これまでのところローザ・カリフォルニカ（*Rosa californica*）とローザ・ヌットカナ（*Rosa nutkana* ※図20）を除いてほとんど園芸には利用されていない。この両種はピンク色の花をもち似ているが、ローザ・カリフォルニカは数個の花が花序につき、小葉の裏面に毛が密生する。ローザ・ヌットカナは花が単生で、小葉の裏面にはまれに腺毛が生え

図20　ローザ・ヌットカナ

るだけである。

アメリカのサンショウバラ

ヘスペロードス亜属にはローザ・ステラータ（*Rosa stellata*）とローザ・ミヌティフォリア（*Rosa minutifolia* ※二〇九ページ㊸）の二種がある。東アジアに分布するサンショウバラ亜属に類縁があり、両亜属の違いは花をつけた枝の小葉の数がヘスペロードス亜属で三から七枚、サンショウバラ亜属で七から一五枚、さらに前者が花に苞葉《ほうよう》があるのに後者にはなく、果実も前者が円錐形になっている萼筒の基底につくのに対して後者ではその部分がわずかに盛り上がっているに過ぎない、などである。ヘスペロードス亜属は二種ともこれまでのところ園芸には利用されていない。しかし、三つの小葉からなる葉をもち、濃いピンク色の花を単生するローザ・ステラータ、五または七枚の小葉とピンク色からほとんど白色に近い花を単生または数個もつローザ・ミヌティフォリアはバラ属の他種にはない魅力をもつように思われる。これまでは系統的な隔たりから他種との交配が困難であったが、バラの未来の園芸化にはなくてはならない重要な資源になるのではないだろうか。

ここでは紹介できなかった世界の多数の野生種が、ヘスペロードス亜属の二種同様にバラの園芸化を支える貴重な潜在資源なのである。こうした種の多様性があればこそバラの園芸化にはさらなる未来が開けているといえる。

第十章　日本のバラ

冬枯れの枝がどことなく薄紫色を帯び、地表ではカタクリやアマナが薄い紅紫色の花を開く早春を過ぎると、ヤマブキなどの黄色の花が目立つようになる。さらに梅雨も近づくころともなれば、いたるところでウツギの仲間やアジサイの仲間のコンテリギなどの純白の花をもつ木や草が咲き始める。梅雨のころの森や林縁では白い花はいちばん目立つ。これは何も東京周辺だけに限ったことではない気がする。ノイバラが咲くのもちょうどそのころである。野生の植物に注意の目を寄せた文学者、堀辰雄はそんなノイバラの佇まいを『美しい村』に書いている。

日本は小さな島国だが、周囲を海に囲まれ、しかも地形が急峻なこともあり雨が多く、植物にとってはすこぶる恵まれた環境にある。そのうえ南北に細長いため、南端の南西諸島と北端の北海道では気温の差も大きく、生えている植物も異なっている。ここに自生する植物の種は五〇〇〇を超え、面積の割に多様性が高い。バラの自生種も以下に述べるようにかなりの数があり、バラを愛する人々にとっては、居ながらにしてそれらをつぶさに眺め得る恵まれた環境にあるといえる。

ノイバラ

ノイバラ（五七ページ図6、※六五ページ⑦）の存在を学界に最初に紹介したのは、スウェーデンの医者であり植物学者であったツュンベルクである。ツュンベルクはスウェーデンのウプサラ大学で、リンネに学び、リンネの勧めで、江戸時代中期の安永四（一七七五）年にオランダの東インド会社の医師として来日し、日本の植物を採集し研究した。一七八四年には、その成果として日本産の植物を分類した『日本植物誌』（*Flora Japonica*）を著した。ツュンベルクは同書で初めてノイバラに学名を与えた。*Rosa multiflora* がその学名である。

図21は、長らく未出版のままであったツュンベルクの日本植物の図譜中のノイバラの図で、ツュンベルクが長崎近郊の Vischers Eyland, Papenberg（高鉾島《たかほこしま》）あるいは Kosido（小瀬戸島）で採集した標本から描かせたものである。これを描いたのは Herst という人であるが、この人物についてはほとんど何も知られていない。

ツュンベルクはノイバラの最初の論文で、この植物が当時の日本でノ・イゲ・シウエ（No Ige siue）またはノイバラと呼ばれていることを記した。このノ・イゲ・シウエの名は現在は廃れてしまったが、イゲはクスドイゲ（イイギリ科）やツキイゲ（イネ科）の名に現れ、刺をもつ植物を指した名前だったと思われる。

ノイバラは北海道から九州まで、すなわち沖縄地方を除く全国に分布し、朝鮮半島や中国

図21　ノイバラ　*Rosa multiflora*　ツュンベルクの採集した標本から描かれた。サンクト・ペテルブルクの国立科学図書館蔵

にも産する。林縁、川岸の茂み、原野などに生え、地域によってはかつては若い芽を野菜代わりに食用にしたほどたくさん生えている。ノイバラはまた丈夫な性質から、バラの台木として日本や米国で利用されている。北アメリカ東部ではノイバラがいたるところに帰化しており、花のない季節には嫌われものの植物のひとつになっている。

落葉低木だが、茎は樹木の枝やフェンスの金網など他の物体に寄りかかってよじ登る。その際、刺はノイバラが他の物体に絡むうえでの助けになっている。

葉は七または九枚の小葉に分かれた奇数羽状複葉で、倒卵状楕円形の小葉は、長さ約三センチメートルになる。葉の上面は弱い光沢があり、頂小葉は側小葉より少し大きくなる。葉の柄のつけ根側には托葉が合着している。ノイバラの托葉は目立ちかつ特徴的で、羽状に深く裂け、裂けた裂片の先端には腺がある。

四月から六月にかけ、枝先に大きな円錐状の花序を出し、多数の白い花をつける。花序や花柄には、軟毛や腺毛が生える。花は直径一・五〜二・五センチメートルになる。壺状の萼筒をもち、萼裂片は広披針形になる。花での特徴のひとつが花柱に毛がない（無毛）という点である。

果実は卵球形、長さ約六ミリメートルで、赤く熟す。この果実の赤い色素が何か、ノイバラではまだ十分に調べられていないようだが、すでに述べたイヌバラにはトマトに含まれるリコピンが含まれていることから、ノイバラもリコピンを含む可能性がある。

日本でもバラが歴史に登場するのは比較的古い。八世紀末に成立したといわれている『万葉集』に登場する「宇万良」の主体はノイバラであったと想像される。また、延長五（九二七）年に編纂された『延喜式』に、「典薬寮　如金桜子核　八月採之根采無時」という記述がある。

この金桜子はノイバラと考えられるので、当時はノイバラの根を薬にしたことがわかる。ノイバラの果実を乾燥したものを「営実《えいじつ》」と呼び、日本薬局方にも登載されている。その成分はフラボン配糖体の一種であるムルチフロリンで、利尿剤や瀉下《しゃげ》剤に用いられ、昭和三〇（一九五五）年ごろまでは薬材として岩手、徳島、長野などの各県で採取されていた。

日本ではバラに「荊」「茨」「薔薇」の字を当てるが、薔薇の字は、延喜一八（九一八）年に深根輔仁《ふかねのすけひと》が著した最初の日本語辞書といわれる『本草和名』が初出らしい。「営実　一名薔薇。和名宇波良乃美」とあるのがそれで、薔薇すなわちウマラであるとしている。

中国との交易が始まると、コウシンバラなど中国原産のバラが導入され、ノイバラなど日本の野生のバラは古典文学に登場しなくなったと考えられている。有名な紀貫之の「我はけさうひにぞみつる花の色をあだなる物といふべかりけり」の「薔薇《さうび》」（けさの「さ」と薔薇の「さ」が重なっている）も野生のバラではなく、中国から渡来した園芸バラと解するのが自然である。『古今和歌集』の他の歌、『枕草子』などに登場する「薔薇」も同様に野生のノイバラではなく中国からの渡来種であると考えられる。

しかし、江戸時代になると、「路《みち》たえて香にせまり咲くいばらかな」（蕪村）や「古里は西も東も茨の花」（一茶）のように日本の野生のバラ、おそらく最もふつうに咲いていたと思われるノイバラを詠んだ俳句が、数多く登場するようになった。野趣に溢れ人里近くでもふつうに生えていて、人目に触れることも多かったためであろう。

詩人三木露風の詩に山田耕筰が作曲した『野薔薇』は、日本ではよく知られた歌曲である。蝦夷地で純白の花を開く「野薔薇」が何か興味深い。露風の詩はその場所がトラピスト修道院であることを想起させるが、それはおそらくハマナスの白花株ではなくノイバラであったろう。

イギリス東インド会社のトーマス・エヴァンス（Thomas Evans）によって一八〇四年に初めて中国産のノイバラの園芸品種がイギリスに導入された、と記録されている。このノイバラはバラの園芸種育成に大いに貢献した。日本産のノイバラも幕末の一八六二年にフランスに入った。幕府に雇われたコワニュー（Coignet）がリヨン市場にノイバラの種子を送ったのである。ノイバラは今日の園芸つるバラの作出には欠かすことのできないバラとなり、日本に自生するバラの中では園芸バラの誕生に最も貢献度が高い。矮性型、八重咲き、花弁が紅色となる系統なども存在し、ノイバラは相当に変異の幅が広い。こうしたノイバラを片親とする交配系統がポリアンサ系とハイブリッド・ポリアンサ系のバラである。

ノイバラを片親とする交配バラを総称してポリアンサ・ローズと称している。ポリアンサとは「多数の花」を意味するが、このポリアンサという名称はローザ・ポリアンタ（*Rosa polyantha*）という学名に由来する。この学名を提唱したのはシーボルトとツッカリーニ（Joseph Gerhard Zuccarini）で、有名な彼らの『日本植物誌』（*Flora Japonica* 日本ではこの著作をシーボルト単独のものとしていることが多いが、これは誤りである）に発表されたものである。

日本の植物をヨーロッパの園芸に導入することでも多大な貢献を残したシーボルトはノイバラにも関心を寄せていたふしがあり、『日本植物誌』でノイバラを記載した。その時、シーボルトらはノイバラにツュンベルクがすでにローザ・ムルティフロラ（*Rosa multiflora* この種小名も「多数の花」を意味する）という学名を与えていることを承知のうえで、新たなる命名を行っている。植物の学名に関する国際命名規約は最も早く有効に出版された学名を正名とすると定めており、ローザ・ポリアンタはノイバラの学名として用いることはできない。しかし、シーボルトが園芸界に及ぼした影響は大きかった。というよりも園芸という分野が確立し、その急速の発展があればこそそのシーボルトであったといっても過言ではない。シーボルトの与えた学名は、植物学では用いられることはなかったが、園芸界に広まり、それがポリアンサ・ローズ系という言葉として今日まで残ることになったのである。

ポリアンサ・ローズ系の交配バラとして、古くから日本でも知られているバラにカイドウバラ（図22）があり、これはノイバラとコウシンバラの交配に由来する。花序には一〇～二

図22　カイドウバラ

〇個もの花がつき、花は直径四センチメートルほどになり、一重で五枚の花弁をもつ。また花弁は水平に開き、花弁の先の窪みが大きく、ためにサクラの花弁を想わせることがあったのだろう、サクラバラ（同名異型あり）とも呼ばれる。コウシンバラに似ている点のひとつは若い葉や新枝がブロンズのように赤みを帯びることである。小葉はノイバラに比べて細長く、小葉間の間隔も大きく、これらの点もコウシンバラに似ている。カイドウバラは四倍体で、他種との交配が容易であった。これを片親として多数の園芸バラが育成されている。それらは総称してハイブリッド・ポリアンサと呼ばれる。

カイドウバラの学名は *Rosa* × *uchiyamana* である。この学名は牧野富太郎によって一九〇五年に発表されたが、はじめはノイバラの変種と考察された。そして一九〇八年に交配種として、改めて再提案されたものである（学名中のカケルの印が雑種由来であることを示している）。*uchiyamana* という種小名は、東京大学小石川植物園の園丁であった内山富次郎を記念したものである。内山は日本や朝鮮の野生植物を積極的に収集して、植物園の充実に尽くしただけでなく、多数のおし葉標本も作成して、分類学の研究を助けた。内山はバラに深い関心があったと思われ、東京大学総合研究博物館には彼が朝鮮などで収集した多数の立派な標本が収蔵されている。

日本にはノイバラを含め、バラ属の自生種は九あるが、サンショウバラを除く八種はバラ亜属に分類される。バラ亜属はさらに一〇節に下位区分されるが、日本産の自生種はノイバラ節、ハマナス節、カカヤンバラ節という三つのグループに分類される（巻末の「バラ属の分類体系」を参照）。

ノイバラ節の日本産の種には、ノイバラのほか、後述するテリハノイバラ、ミヤコイバラ、アズマイバラ、ヤブイバラ、モリイバラ、ヤマイバラなどがある。また、ハマナス節の種にはハマナスのほかにカラフトイバラ、タカネバラ、オオタカネバラがある。

御巫《みかなぎ》由紀著、大作晃一写真による『野ばらハンドブック』（文一総合出版）が二〇一七年に刊行された。同書には、日本に自生するバラ全種について全形、花と果実の拡大・断面図などの精巧な写真が載る。記述と併せ、日本のバラの優れた解説書といえる。

テリハノイバラ

テリハノイバラは、本州以西に分布し、主に海岸に生えるが、海岸から離れた日当たりのよい裸地や川原などにも見られる（図23※六五ページ⑨）。全体に無毛で、茎は長く地上を這い、枝には鉤状の鋭い刺がある。葉は深い緑色になることが多く、油を塗ったような光沢があり、七または九枚の小葉に分かれる。花は六〜八月ごろに咲き、直径三〜三・五センチ

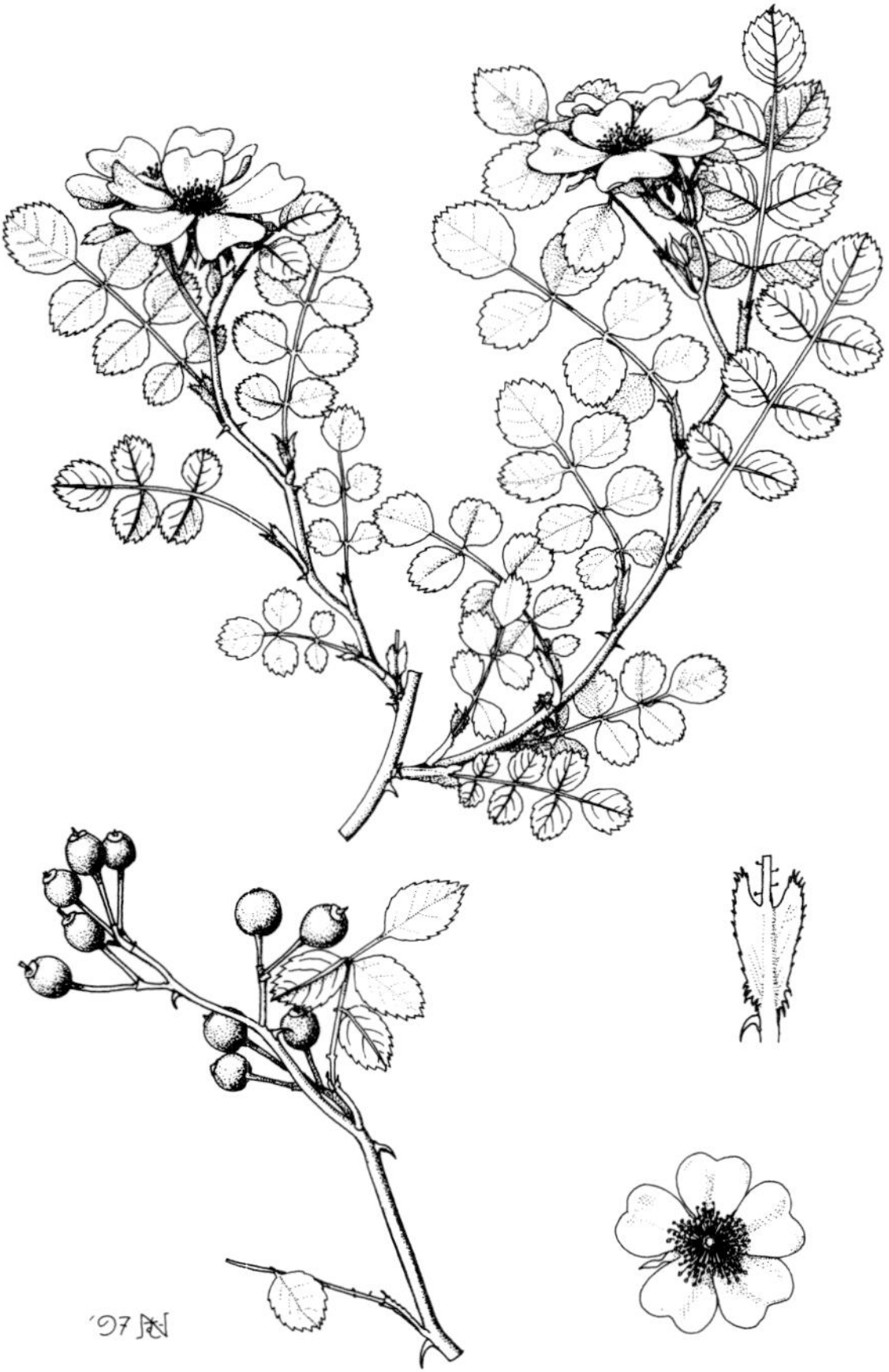

図23　テリハノイバラ　*Rosa luciae*

メートルになり、乳白色で水平に開く花弁をもつ。花弁は三角形に近いかたちをしており、先端は凹状にくびれている。花柱には綿毛が密生する。

テリハノイバラはノイバラに次いでヨーロッパに導入され、つる性バラの改良に欠かせない野生バラとして脚光を浴びた。壮健でしかも葉に強い光沢があるところは、ノイバラよりも園芸的にすぐれていると見なされることが多い。そして、これを片親とするハイブリッド・ウィクライアナ系の誕生をみるのである。ウィクライアナの名称はテリハノイバラに与えられたローザ・ウィクライアナ（*Rosa wichuraiana*）という学名に因む。ウィクライアナはプロシアの外交官マックス・エルンスト・ヴィキュラ（Max Ernst Wichura, 1817–1866）に献名されたもので、シダ植物のノコギリシダにも同氏に献名されたジプラジウム・ウィクレ（*Diplazium wichurae*）という学名がある。しかし、最近私はテリハノイバラにはローザ・ルキアエ（*Rosa luciae*）の学名を用いるのが正しいことを明らかにした。これまで日本の植物学者には、この学名のバラはアズマイバラとみられていたが、パリの自然史博物館に保管されるタイプ標本を検討した結果、それはテリハノイバラであることが判明したためである。種小名のルキアエ（*luciae*）は官営横須賀製鉄所に医師として来日し、熱心に植物を採集したフランス海軍の医官ポール・サヴァティエ（Paul A. L. Savatier, 1830–1891）の夫人ルーシー（Lucy）に献名されたものである。

ミヤコイバラ

ミヤコイバラ（*Rosa paniculigera*）は、葉が紅をさしたような緑色になる。光沢があって、七または九枚の小葉に分かれている。テリハノイバラは茎が地表面を這うだけで、立ち上がって他の木などにからまることはあまりないが、ミヤコイバラはふつうはこうした寄りかかり方をしている。ミヤコイバラは、本州は太平洋側では静岡県西部以西、日本海側では新潟県以西、四国北部、九州北部に分布し、丘陵地、低山地を好んで生える。ミヤコイバラはテリハノイバラによく似ており、姉妹関係にあるものと推測されるが、前者の托葉には鋸葉がなく、小葉は円形になるなどの違いがある。

図24　アズマイバラ

アズマイバラ（*Rosa onoei* var. *oligantha* ※図24）は、本州の福島県から東海地方の太平洋側に分布し、低地の乾いたところに生える。テリハノイバラに似るが、葉はふつう光沢がなく、小葉は五または七枚で、托葉は切れ込まず、縁に腺状の鋸歯がある。花柱には綿毛が生える。本州の近畿地方以西、四国、九州に分布するヤブイバラ（*Rosa onoei* var. *onoei*）は全体に小形で、小葉の下面に伏毛が生える（図25）。モリイバラ（*Rosa onoei* var. *hakonensis*）は本州の関東地方以西、四国、九州に分布し、山地の林縁などに生える。全体に無毛で、小葉の下面は白みを帯びる。

ヤマイバラ（*Rosa sambucina*）は本州の東海地方以西、四国、九州に分布する。茎は強

図25　ヤブイバラ　*Rosa onoei* var. *onoei*

靭なつるとなって樹幹を這い上がり、地上から離れた樹冠や梢に花を開くことが多い。花はノイバラより確実にひとまわりは大きく、直径三～五センチメートルになる。托葉は全縁で、小葉はふつう五枚ある。このバラは園芸化には利用されていないようである。

ハマナス

ハマナスという和名は「浜茄子」の意味ではなく、「浜梨」が訛ったものと牧野富太郎は書いている。海岸の砂地に生え、平たくて赤く熟す球形の果実が同じバラ科のナシに似ているからというのだが、ナスにもハマナスの果実に似たものがあり、「浜茄子」が正しいという説を唱える人もいるが、外形の似より具合からは「浜梨」説に軍配をあげたい。

ハマナス（図26）は北海道から、本州の茨城県南部までの太平洋側、および島根県までの日本海側に分布する。かつては北海道や東北地方の砂浜海岸にはふつうに見られたが、砂浜の減少や汚染により、消滅した地域も多い。ハマナスは日本以外にも広く分布する。しかしその本来の分布範囲はよくわからない。なぜならハマナスと同種とするか、ハマナスとは別種として扱われるべきかが判然としないバラがシベリアからヨーロッパ北部にかけて数種記載されているためである。これらをハマナスと同種とすれば、ハマナスはユーラシアの北部に広く分布域をもち、その分布圏はスカンディナビア半島北部にまで達しているということになる。北アメリカ北部の海岸にも野生状態でふつうに生えており、ハマナスをともなったその植生は多くの人々にとって馴染み深いものにまでなってしまっている。

日本のハマナスにローザ・ルゴーサ（*Rosa rugosa*）という学名を与えたのは、ノイバラのところで紹介したスウェーデンの植物学者ツュンベルクであるが、今後の研究によってはハマナスは彼の母国であるスウェーデンにも分布することになるかも知れない。

ハマナスは高さ約二メートルになる落葉低木で、よく分枝する。枝には軟毛が生え、太い偏平な刺針のような細い刺が多数出る。托葉は膜質で幅広く、先のとがった半卵形の耳片をもつ。小葉は楕円形で、七または九枚。初夏に、直径約八センチメートルの花を枝先に一～三個つける。倒卵形の花弁は紅色または紅紫色で、先は凹形になる。雌しべの花柱はそれぞれが独立する。果実は平たい球形で、赤く熟し、ビタミンCを多く含み、食べられる。

ハマナスを片親とした交配種もたくさん作られている。その多くは丈夫で耐寒性にもすぐれ、ドイツやオランダではハマナスとの交配に由来するバラが、街路や公園によく植え込まれている。ピンクのものが多く、花のあでやかさと赤い果実が人目を惹くが、ヨーロッパの野バラ、ローザ・アルウェンシスとの交配によるローザ・パウリイ（*Rosa* × *paulii* ※二〇九ページ㊹）は純白の花をもちグラウンドカバーに用いられる。

北海道で八重咲きのハマナスとして植えられているのは、〈ハンザ〉（Hansa）と呼ぶハマナスを片親とする交配種であることが多い。この交配種は北海道大学植物園に導入され、そこから道内に広まったのである。

図26　ハマナス

図27　ヤマハマナス

ここでハマナスとよく似た玫瑰《まいかい》にもふれておこう。花は赤みや紫色を帯びたピンクの八重咲きで、ハマナス同様の芳香がある。中国では広く栽培され、蕾を陰干ししたのが、玫瑰茶である。酒もつくられ、玫瑰露酒という。玫瑰は小葉や花のかたちなどでハマナスとは異なっている。ハマナスを片親として中国で創出された交配種と考えられる。したがって、日本のハマナスに玫瑰という漢字をあてるのは適当ではない。

タカネバラは日本特産で、本州の関東地方北部から中部地方と四国の亜高山針葉樹林に生える。高さ約一・五メートルの落葉低木で、刺の多い暗紫褐色の枝を分枝する。小葉は七または九枚。花柄に腺毛があり、萼裂片は狭披針形で長く、約二・五センチメートルになる。果実は円筒状または紡錘状で、長さ一・五～二センチメートルになる。

シベリア東部から中国北部、朝鮮半島に分布するヤマハマナス（*Rosa davurica* ※図27）は、カラフトイバラやバラ属の基準種であるローザ・キンナモメア（*Rosa cinnamomea*）に似ているが、葉に腺毛があるなどの違いがある。カラフトイバラ（*Rosa marretii* 図28

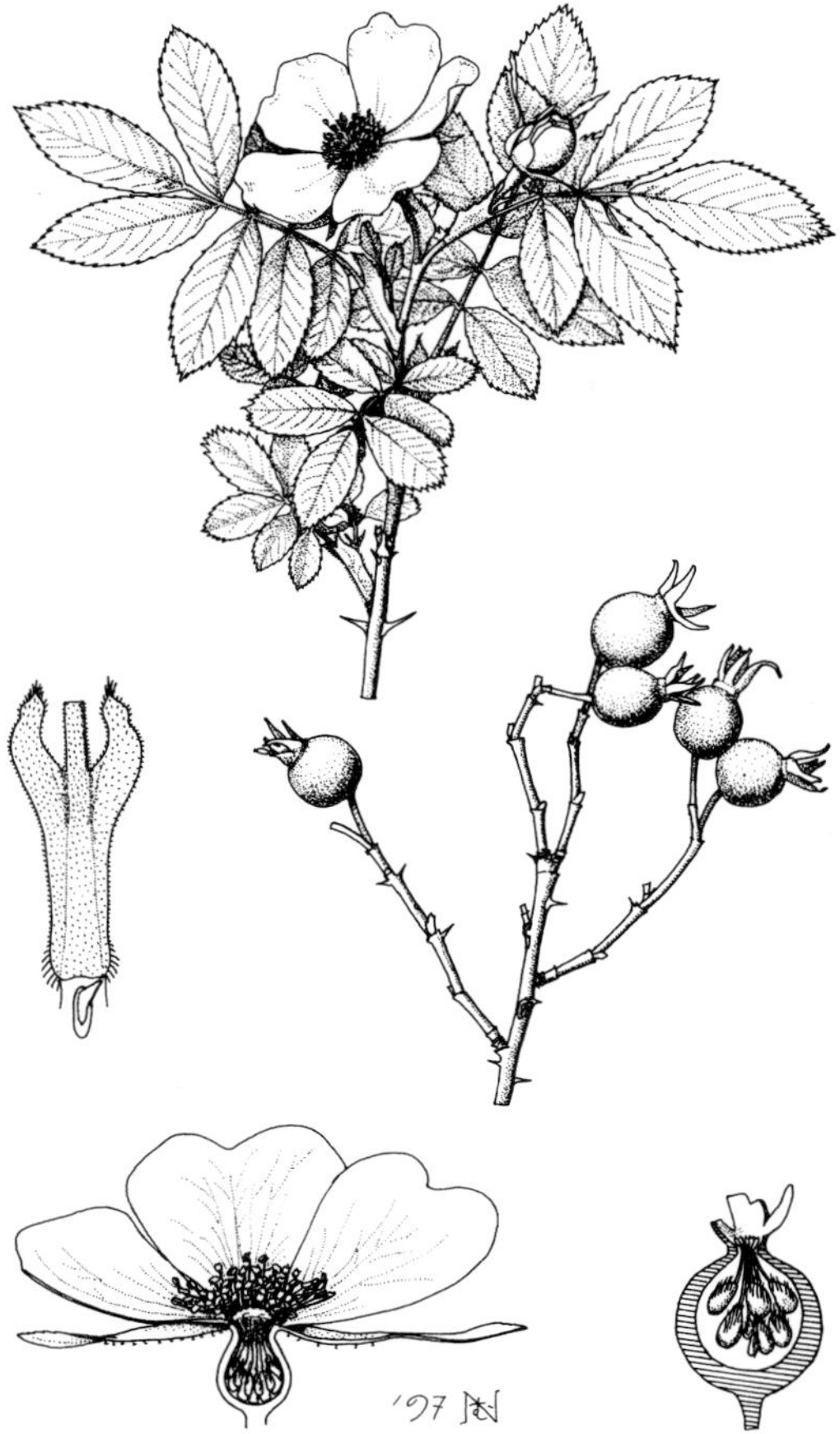

図28　カラフトイバラ　*Rosa marretii*

※二〇九ページ㊺）は北海道、本州の長野、群馬両県および朝鮮半島やサハリンに分布する。紅紫色で無毛の枝をもち、刺は少なく、古い枝では脱落する。七または九枚の小葉は長楕円形で長さ約四センチメートル。六〜七月に、直径約四センチメートルで紅紫色の花が咲く。
オオタカネバラはタカネバラに似るが、小葉は五か七枚と少ない。東アジア、ヨーロッパ、北アメリカ北部に隔離分布し、日本では北海道と本州中・北部の日本海側の高山に生える。

サンショウバラ

サンショウバラ（*Rosa hirtula* 図29※二一五ページ㊻）の葉は、ほかの日本産のバラと異なり、小葉が九〜一九枚と多く、線状楕円形で長さ一〜二・五センチメートルとやや小さい。和名は、この葉が若芽を田楽味噌や佃煮などにするミカン科のサンショウに似ていることに因む。高さ五〜六メートルにもなる落葉小高木で、日本産のバラ属では最も大きくなる。本州の富士・箱根地方の暖温帯と冷温帯の境目あたりにだけ見られる希少種で、六月ごろ、淡紅色で直径約五センチメートルの花をつける。日本の自生バラの中では唯一、花弁の辺縁から中心に向かって色のグラデーションがあり、中心部は白味がかっている。その偏球形の果実の全面に硬い刺がある。
園芸で珍重されるイザヨイバラは、かつてサンショウバラの八重咲き品種とされたこともあったが、小葉の数やかたちなどの相違から、今日ではサンショウバラとは別の中国産のロ

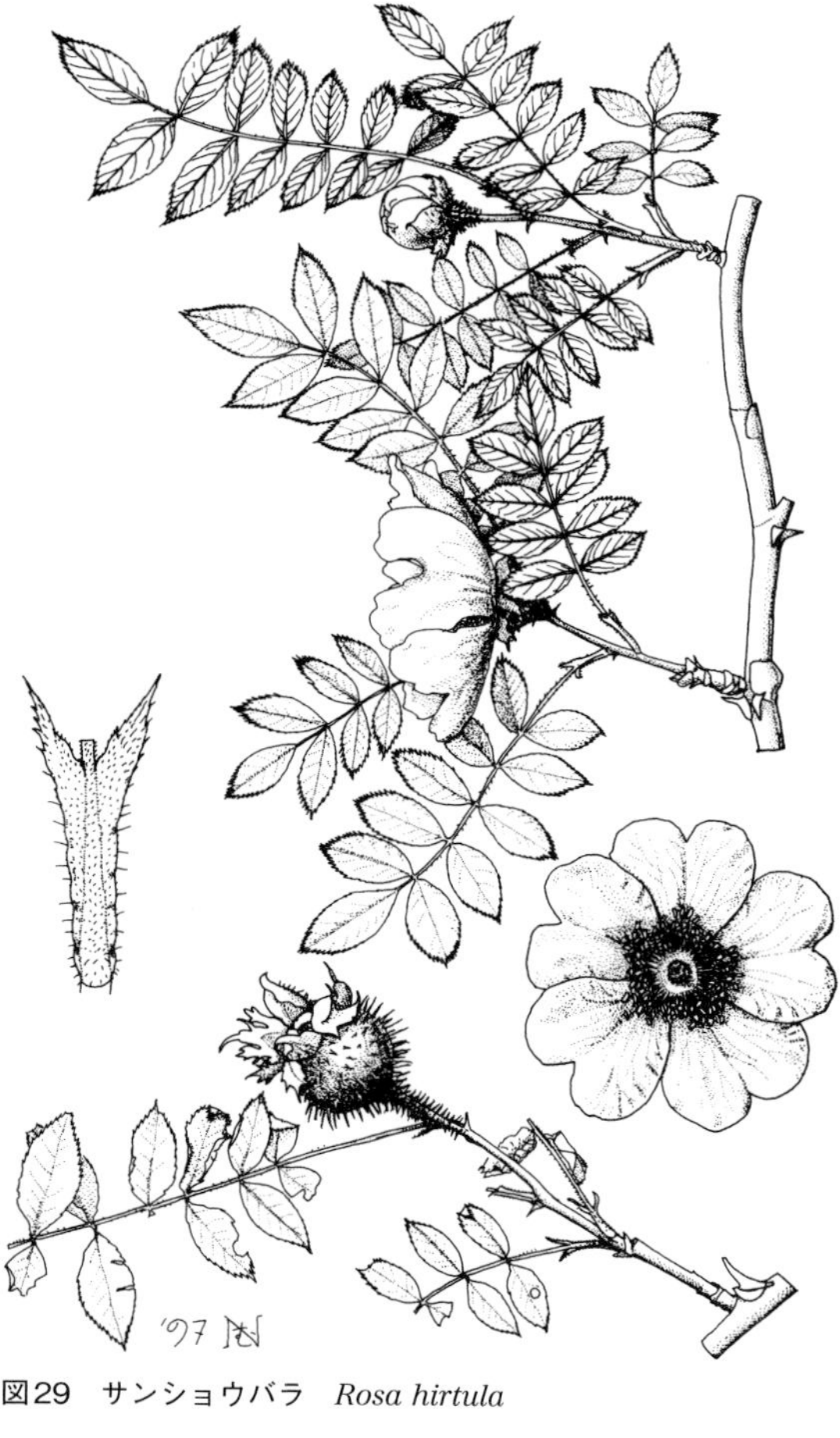

図29　サンショウバラ　*Rosa hirtula*

ーザ・ロクスブルギイの園芸品種とする見解が支持されている（一六四ページ参照）。イザヨイの名は、十六夜の月をいい、イザヨイバラの花冠の一部で花弁の重なりが疎になり、十六夜の月を想わせるさまに因んでいる。イザヨイバラの花弁数は一五〇枚にも達する。花弁数の多さに加え、枝が横に伸びる、いわゆる横張りになるなど、盆栽に適するとされ、江戸時代から珍重されてきた。

カカヤンバラ

カカヤンバラ節に分類されるカカヤンバラ（*Rosa bracteata* ※二二五ページ㊼）は、琉球（先島諸島）から、台湾、中国、インドシナに分布し、他の日本産のバラとの相違が目立つ。特に、新しく伸びた枝が綿毛に被われ、葉柄の基部に下方へ曲がった大きい刺があること、托葉が羽状に切れ込むこと、萼筒にも新枝同様の綿毛があり、花柄の基部に毛の生えた苞葉がついていることが顕著である。

カカヤンバラは英名をマカトニー・ローズ（Macartney rose）といい、一七九二年に中国からイギリスに移入された。常緑の低木で、白色の大きめの花をもつカカヤンバラは完熟したアンズに似た芳香もあり、園芸上も注目された。特にイエロー・ティー・ローズ系のバラとの交配に由来する〈マーメイド〉（Mermaid）が有名である。日本でもカカヤンバラは栽培されるが、あまり見かけない。

㊲ ローザ・ペルシカ

㊳ ローザ・カニナ
（ドッグ・ローズ）

㊴ ローザ・
ペンドゥリナ

㊵ ローザ・
アルウェンシス

㊶ ローザ・
スピノシッシマ

㊷ オオタカネバラ

㊸ ローザ・
ミヌティフォリア

㊹ ローザ・パウリイ

㊺ カラフトイバラ

第十一章　バラの現在・未来

園芸化の歩み

キクやハスのようにたくさんの「花びら」が重なり合った花に太古の人間は関心を寄せている。これは洋の東西を問わない。もしかしたらそれらは古代人の共通の関心を惹いたものなのかも知れない。音楽や食べ物の嗜好のように民族による差異が大きいものは人間の聴覚や味覚に関係しているが、それに比べ視覚には民族による差異が少ないのだろうか。キクやハスを好む性向もそれが視覚を通してのものである。こうした花のかたちをシンボル化したロゼット文様が、かつて八重咲きのバラを図案化したものと考えられた。そのため、ロゼット文様の存在が私たちにバラは古くから存在し人々の特別の関心を集めた植物だという考え方を抱かせてしまったようだ。

しかし第三章に記したように、この古代のロゼット文様の中にはっきりとバラの花をかたどったと考えられるものは見当たらない。そのほとんどは多数の花びらが重なり合ったキクやハスであった。キクやハスはもともと多数の「花びら」をもっている。キクの「花びら」は、頭状花《とうじょうか》という花序につくたくさんの舌状花《ぜつじょうか》だし、ハスは本来的に多数の花びらをもち、単弁のバラのように五弁のハスというものは存在しない。たくさんの花びらが重なり合ったバラ、すなわち八重咲きのバラは、植物として見れば一種の奇形で、雄しべが花弁状に変化してできたものである。だから八重咲きのバラは自然界にあったとしてもそれは偶然であり、数多く見られたわけではない。

少なくともギリシア時代はバラへの関心はその芳香のある精油であり、バラ水であった。いまでも香りを大切にするアラビアではバラの精油や乾燥したバラの花びらが日常的に用いられている。おそらく時代を隔てて両者で似たような利用がなされてきたのではないだろうか。

バラの園芸化の兆し

ローマ時代は芳香のあるバラの花自体へ人々の関心がシフトしている。野外で八重咲きの変異株が見つかり、それを栽培して殖やしたかも知れないし、精油採取用に栽培していたバラの中に突然生じた八重咲き株を殖やしたとも考えられる。これが現在のどのバラに該当するのか、推察するしかない。第三章に述べたように、それらはローザ・ガリカ、ローザ・アルバ、ダマスクバラなどであった可能性が高い。これらのバラは現在の園芸バラの誕生にも重要な役割を果たすのであるが、いずれも異種間の交配によってできたバラである。

園芸化の発展段階でいうなら、ローマ時代のバラ栽培は「栽培による変異株の選択」の段階ということができるであろう。

私はヨーロッパでの園芸植物の誕生はルネサンス以降だと考えている。しかし、帝政ローマ時代のバラの流行は園芸化を予感させるものであり、その背景には、ルネサンス以降の園芸化を支えたことに匹敵する経済の繁栄があった。社会階層の一部という制約はあるものの経済的に恵まれ、安定した帝政ローマ時代が園芸化に限らず、ルネサンスやその後の文化の変革期にひとつの手本あるいは規範とされたことは興味深い。

現代の園芸

バラの園芸化は、人工的な交配を通じて得た実生株の中から性質のすぐれた株を選択する技術を確立することで新しい交配種や園芸品種の数は飛躍的に増加した。はじめは同じ種の異個体同士の交配に限られていたのが、技術の進歩により、まったく系統を異にする異種間の交配も可能になったのである。こうした「異種間交配」によって作出されたのがモダーン・ガーデン・ローズであり、それは現在に続いている。

ところで、アジサイ、ユリ、ツバキ、サザンカ、ツツジなどは国際的な園芸植物へと発展を遂げた日本の野生植物である。いずれもバラ同様に異品種・異種間の交配による遺伝子の導入が行われている。一方、秋の七草のひとつでもあり、『万葉集』では最も多数の歌に詠まれたハギは、日本人の好む花だが、園芸種といえどもいまだ野外採取か変異株の選択にとどまっている。

世界に通用する国際的な園芸植物として発展している植物の多くはハギと異なり、バラのような交配のための最先端技術が駆使されているのである。その中でも、特に交配の技術が進んだのがランだといえるだろう。

ひとりひとりが異なる好みをもてば、必要になる園芸植物は膨大な数に達する。すぐに飽きて、別の品種に興味を移す人も多い。こうした期待には、おびただしい数の園芸品種が必要である。この需要に応えるには、多様な交配可能な系統がまず必要である。ランでは異なる属に分類される種間の交配も可能である。これにはいわゆるバイオテクノロジーのひとつである遺伝子導入の技術も用いられている。ランの園芸化を支える背後にはこうした遺伝的に大きな多様性があることを見逃してはならない。

バラにおいても最近ではこれまで園芸化には用いられていなかった野生種を新たに交配相手として導入するなど、ランには及ばぬにしても新品種作りに狂騒している感がある。こうして毎年おびただしい数の新作（新しい園芸品種）が作出され、市場に出荷されていく。

バラの育種家

園芸植物としてのバラの市場価値は高い。切り花用、鉢植え用だけではない。花壇、生け垣にとバラの用途は多様であり、そのさまざまな用途に適合するバラはそれぞれに違っている。こうした幅広い市場性も加わって、バラの育種を専門とする種苗業者も多い。世界各国がバラの新しい園芸品種の作出を競っている。

ここで二〇世紀の著名なバラの育種家を紹介しておくことにしよう。『ローズ・オデッセー』(*A Rose Odyssey*) というバラの育種家たちを訪ね歩いた巡礼の書を著したアメリカのニコラス (J. H. Nicolas) は、バラの新園芸品種の作出家を育種家 (ハイブリッザー) と交配家 (ブリーダー) に二分している。交配家は数十万人を超えるが、ひとつの目標に向かって野心的な研究を続けている育種家は少ないのである。しかし、世界の大きなコンクールの栄冠を得るのはほとんどこうした育種家である。ここで紹介する新しいバラの作出者はもちろんニコラスのいう育種家である。

フランスの育種家

フランスはイギリスと並び長いバラ作りの伝統をもち、国土全体がバラの栽培に適している。ハイブリッド・ティー・ローズやポリアンサ系のバラを生みだしたジャン゠バプティスト・ギロ (Jean-Baptiste Guillot)、ペルネティアナ系の創出者であるジョセフ・ペルネ゠デュシェの名も忘れることができない。

一八七六年生まれで七〇歳の時にレジョン・ドヌール章を贈られたシャルル・マルラン (Charles Mallerin) は二〇世紀中葉までに大きな足跡を残した育種家である。育種について科学的な思索と実践を行ったことでも名高い。マルランはこの点で天才的なペルネと対照的である。マルランの発表した新作の数は一三八で決して数多いものではないが、いずれも樹型、葉、色、花型のバランスがよく、極端な大輪などは嫌う傾向さえ感じられる。こうした点での代表作は〈マダム・ピエール・S・デュ・ポン〉(Mme Pierre S. du Pont ※二二五ページ㊽)と〈ヴィヴ・ラ・フランス〉(Vive la France)であろう。彼はバラの賞として名高いバガテルの金メダルを何度も取っている。フランスの濃紅色のバラの系統のほとんどは彼が作出したといってよい。さらに、中間色のバラの開発にも努力したことをあげておかねばならない。この中での傑作は〈マダム・ヴァンサン・オリオール〉(Mme Vincent Auriol)か。一九六〇年に世を去ったが、晩年はハイブリッド・ウィクライアナ系などの四季咲きのつるバラにも力を入れたことも記しておく。

ペルネの後継者と呼ばれるジャン・ゴジャール(Jean Gaujard)の名も忘れるわけにはいかない。ゴジャールの代表作に〈オペラ〉(Opera)がある。これはスカーレット色のバラで、色彩・花型・大きさの点で実にバランスのよい園芸品種であった。ゴジャールの作出したバラは数多いが、〈ジゴレット〉(Gigolette)のように、彼は複雑な色彩のバラ作りに努力を重ねた人物ともいえる。

一世を風靡した〈ピース〉(Peace ※六五ページ⑤)を世に送ったのが、フランシス・メイヤン(Francis Meilland)である。代々バラの育種を業とした家系に生まれた彼は、七歳から接木《つぎき》を行ったといわれている。マルランの確立した育種法を学び、第二次世界大戦の終わった一九四五年に不朽の名作〈ピース〉を生み出した。メイヤンはフロリバンダ系のバラにも新風を送り込んだ。スカーレット色の〈アラン〉(Alain)と〈ムーラン・ルージュ〉(Moulin Rouge)は世界的に名声を博した園芸品種である。ほかに〈エデン〉(Eden)、〈グレース・ド・モナコ〉(Grace de Monaco)などがあり、日本でもよく見かける。

イギリスの育種家

私はイギリス人のバラ好きを形容する言葉を見つけられないでいる。イギリスは戸外でバラを作るのには必ずしも適した環境にあるとはいえない。それにもかかわらずバラを自分たちのものにしている。風化した石造りの家壁にもバラはよく合う。バラ園も数多い。育種家も数多いが、趣味で交配を行っている人も驚くほど多い。

二〇世紀中葉まで世界の最も有名なバラの苗木園といえば誰もが一八八〇年に設立されたサミュエル・マッグレディ社をあげるであろう。一九四〇年代にはイギリスのバラの一割近くがこの会社で作られていたという。イギリス・バラ協会の金メダルを一〇〇近くは獲得している。三代目のサミュエル・ダビスン・マッグレディ(Samuel D. McGredy)の時代までは強健で強い芳香があり、剣弁で超大輪という一貫した新品種作りを目指していたが、その後は青いバラにも挑むなど野心的な試みもなされている。日本ではつるバラ系で朱赤色花をもつ〈アンクル・ウォルター〉(Uncle Walter ※二二五ページ㊾) がよく知られている。

一八三六年に設立されたアレキサンダー・ディクソン社もサミュエル・マッグレディ社に匹敵するバラの育苗園の老舗である。ハイブリッド・パーペチュアルの全盛期からハイブリッド・ティー・ローズの登場に至る間にこの会社というか、ディクソン (Patrick Dickson) の名は不朽のものとなったといえる。特にハイブリッド・ティー・ローズの歴史的名作〈ミセス・W・J・グラント〉(Mrs. W. J. Grant)、現代の紅色系の祖先ともなっている〈リバティ〉(Liberty) は名高い。

一時期人気の高かった〈イーナ・ハークネス〉(Ena Harkness) の作者アルバート・ノーマン (Albert Norman) はアマチュアのブリーダーであるが、〈クリムソン・シャワー〉(Crimson Shower) や〈イゾベル・ハークネス〉(Isobel Harkness) などの名品を生み、アマチュアらしい視点でバラの育種に幅を広げた点で注目される人物であった。

ドイツの育種家

二〇世紀最大のバラの育種家は誰か。必ずしもその答えは一致しないかも知れないが、ヴィルヘルム・コルデス (Wilhelm Kordes) の名をあげる人が多いにちがいない。つるバラ、シュラブ・ローズ、フロリバンダ系のバラの発展はコルデス抜きには語れない。

そうしたコルデスの初期の業績は〈クリムソン・グローリー〉(Crimson Glory ※二二五

ページ㊿）である。これはハイブリッド・ティー・ローズの深紅色のバラの集大成ともいうべきバラで、イギリスの〈イーナ・ハークネス〉、後に述べるアメリカの〈シャーロット・アームストロング〉など、二〇世紀前半の深紅色のバラの大半はこれを片親に作出されているといってもよい。

一九四〇年に発表された乳色を帯びたピンクのフロリバンダ系の〈ピノキオ〉(Pinocchio）も外すわけにはいかない。さらにコルデスの業績で忘れてはならないのが、シュラブ・ローズの改良である。第二次世界大戦前にローザ・スピノシッシマを交配親とした〈フリューリングスゴルト〉(Frühlingsgold）などの園芸品種を生み出している。〈コルデジー〉(Kordesii）はテリハノイバラとハマナスの交配株から得られた四倍体株である。この系統から、彼自身〈ハンブルガー・フェニックス〉(Hamburger Phoenix）などの作品を発表しているが、〈コルデジー〉は耐寒性と抗病性にすぐれ、広範囲な利用が期待でき、交配親としてすぐれているとの評価が高い。一九五四年作の青いバラ〈マジェンタ〉(Magenta）もコルデス社の野心作として記憶にとどめられるバラであろう。コルデスは一八八七年にコルデス社を設立した。そして、息子のヘルマン（Hermann Kordes）やヴィルヘルム二世（Wilhelm Kordes II）も育種家として活躍している。

マティアス・タンタウ（Mathias Tantau）もコルデスと並ぶドイツ最高のバラの育種家であった。特にタンタウはフロリバンダ系のバラに力を注いだ。その作品の多くはちょうどハイドランジア（アジサイ）のように、たくさんの花が群がる花序のかたちに特徴がある。一九六四年に発表したハイブリッド・ティー・ローズ系〈ブルー・ムーン〉（Blue Moon）は藤色の花をもち注目を集めた。

オランダ、デンマークの育種家

オランダは花作りで有名な国である。温室や露地栽培用の切り花品種、フロリバンダ系、ミニアチュア系のバラなどで独特のバラを多数世界に送り出している。二〇世紀前半といえば第二次世界大戦前のことになるが、ハイブリッド・ティー・ローズ系統の名花〈シャイニング・サン〉（Shining Sun）の作者メヴロー・G・A・ファン・ロッセム（Mevrouw G. A. van Rossem）、〈コンテス・ファンダル〉（Comtesse Vandal）、〈ピンク・パール〉（Pink Pearl）、〈レモン・オフェリア〉（Lemon Ophelia）を生んだリンダーズ（Jan Leenders）など、すぐれた育種家がオランダには数多い。ヘンリクス・アントニー・フェルシューレン（Henricus Antonie Verschuren）の〈ホワイト・スワン〉（White Swan）や〈レディ・ベルパー〉（Lady Belper）などはイギリスや日本でも栽培されていた。彼らは切り花用のハイブリッド・ティー・ローズの作出に大きな功績を残した育種家である。オレンジ系のバラの開発に努めたジャック・フェルシューレン（Jacques Verschuren）の名も忘れられない。彼はフェルシューレンの五人の息子の二番目である。フェルシューレン家は一九世紀後半から今日に至るまで数多くの育種家を輩出してきたバラ園芸の名門として名高い。フロリバンダ系の改良に専心してきたデ・ルイター（Gerrit de Ruiter）、ミニアチュア・ローズのヤン・デ・ウィンク（Jan de Vink）もオランダで活躍した育種家である。

フロリバンダ系の発展に大きな足跡を残したポールゼン一家はデンマークで育種に励んだ。寒いデンマークで四季咲きのバラを求めたポールゼンの努力は、寒さに強いノイバラを交配に用いることで、ハイブリッド・ポリアンサ系のバラを生み出すことに成功したのである。一八八四年生まれのスヴェンド・ポールゼン（Svend Paulsen）が一九五一年に発表した〈イレーネ・オブ・デンマーク〉（Irene of Denmark）は、純白の直径七センチメートルほどの花が一斉に咲く、見事なつるバラである。

アメリカの育種家

バラの園芸化ではヨーロッパに遅れをとってきたアメリカではあるが、二〇世紀後半には世界のバラの品種改良をリードするまでに急成長を遂げた。二〇世紀前半のアメリカではハイブリッド・ティー・ローズ系統のバラは普及しておらず、一季咲きのハイブリッド・ウィクライアナ系、ポリアンサ系などのつるバラと、温室用の切り花が主体だったのである。〈アメリカン・ピラー〉（American Pillar）、〈エクセルサ〉（Excelsa）、〈ヒアワサ〉（Hiawatha）、〈レディ・ゲイ〉（Lady Gay）などの不朽のつるバラをアメリカが生んだ背景には、バラの園芸化が遅れて始まったアメリカの特殊事情があったことを見逃すことはできない。

インディアナ州にあるE・G・ヒル社は同地のJ・H・ヒル社とともにバラの栽培業者としての名を全米に知られている。前者の創業者ガーニー・ヒル（Gurney Hill）はアメリカにおけるハイブリッド・ティー・ローズの発展に重要な役割を果たしたことで知られている。紅色の切り花用の〈プレミア〉（Premier）は名花の誉れが高かった。ほかにもヒルの作出した園芸品種としてよく名を知られたものに〈マダム・バタフライ〉（Mme Butterfly）と〈スターリング〉（Sterling）があり、いずれも純粋鮮明な花色と長い花柄をもつ。

カリフォルニア大学の園芸学教授として育種理論を教えるかたわら、バラの改良に大きな足跡を残したのが、ラマーツ（W. E. Lammerts）である。彼の作品の中で最も有名なのが〈シャーロット・アームストロング〉（Charlotte Armstrong ※二二五ページ㊿）である。これは理論的に作出された園芸品種といわれ、彼が要求する条件を満たす既知の園芸品種を交配親に選び作出されたといわれている。一九五四年の全米バラ協会賞に輝いた〈クイーン・エリザベス〉（Queen Elizabeth）は日本でも有名である。花の見事さもさることながら、丈夫なことも栽培を容易にさせている。花は均整のとれた明るいローズピンクで、直径一〇センチメートルほど

図30　チャイナ・ドール

になり、花弁数は四〇枚前後である。一九四六年作の〈チャイナ・ドール〉(China Doll※図30)は矮性の小輪房咲きのバラで、ポリアンサ系とミニアチュア系の中間をねらったものといえ、彼の奇抜さを尊ぶ精神がよく出ている。

ハーバート・スイム(Herbert Swim)も科学的な育種理論をバラの改良に駆使した人物である。私の個人的な印象かも知れないが、スイムの作るバラは、いかにもアメリカのバラという気がする。丈夫というか、頑丈で、花つきもよく、実用性が重視されている。そのうえに花のかたち、色彩に美しさがあるのだ。彼の作出したバラで日本で見かけるものに鮮やかな黄色のハイブリッド・ティー・ローズ系の〈サマー・サンシャイン〉(Summer Sunshine 一九六二年作※二二五ページ㊾)、同じ系統でやさしいピンクの剣弁咲きの〈ファースト・レディ〉(First Lady 一九五一年作)などがある。

〈ヘレン・トロウベル〉(Helen Traubel)も薄い杏色のかかったピンクの優良品種である。これは一九五一年に当時のアメリカ・オペラ界のプリマドンナ、ヘレン・トロウベルが日本を訪れた時、彼女が日比谷公園などに寄贈したことで有名になった。

最後に〈マスケラード〉(Masquerade)の作者のユージン・ブーナー(S. Eugen Boerner)にふれておこう。彼は一八九三年に生まれ、一九六六年に亡くなったが、ドイツのコルデスの弟子で、アメリカでは異色の人物であった。〈マスケラード〉は一九四九年に発表されたフロリバンダ系のバラで、蕾が半分ほど開いたときは黄色だが、その後サーモンピンクから紅色へと変じる。房咲きで花つきもよく丈夫で栽培しやすくいまでも人気がある。フロリバンダ系の〈スパニッシュ・サン〉(Spanish Sun 一九六六年作）も日本で見かける彼の作品である。花弁は黄色で、香りもよい。

ブーナーの作品には野心が感じられる。それはドイツを中心とするバラの改良に対する対抗心かも知れない。

テリハノイバラに由来するウィクライアナ系のバラをハイブリッド・ティー・ローズの系統にかけ合わせることで、新しい系統の樹立に努めたのが、ウォルター・ブラウネル(Walter D. Brownell) である。アメリカの東北端のロード・アイランドに住んでいた彼は、厳寒地でも育つ新しい系統のバラの作出をめざしたのである。

その他の国々の育種家たち

スペインはバラの園芸化の歩みでは近隣国に遅れをとってしまったが、そのスペインで奮闘しているのが、ペドロ・ドット (Pedro Dot) である。一八八五年生まれのドットは有名なバラ園であるバガテルで修業を積んでから、スペインに帰国し、ジプシー・カラーといわれる情熱的な色彩をもったバラの名品を次々と発表していった。ドットはミニアチュア・ローズの作出も手がけ、この分野でも大きな貢献をしたが、特筆しておきたいのは、彼がそれまで注目されていなかった中国のハマナス節の野生バラ、ローザ・モエシイを交配親として用いたことである。〈ネヴァダ〉（Nevada 一九二七年作）はその成果のひとつである。日本で栽培されるドットの作品は多くはないが、つる性の〈スパニッシュ・ビューティ〉（Spanish Beauty 一九二七年作）、ハイブリッド・ティー・ローズの〈コンデーサ・デ・サスタゴ〉（Condesa de Sástago 一九三二年作）、〈ロビン〉（Robin 一九五六年作）などがある。前者はピンクの八重咲きの花が美しいが残念ながら一季咲きである。後者はかたちの整った花と健康な葉の美しいバラで、八重咲きの花弁の表側が朱赤色、裏面が黄金色になる複色のバラである。

かつてイギリスの植民地だったニュージーランドやオーストラリアに移住したバラの育種家もいる。〈マッグレディス・アイヴォリ〉（McGredy's Ivory）というハイブリッド・ティー・ローズの名花を生んだことで名高い、マッグレディ家はアイルランドのベルファスト近郊で代々バラ園を営んでいたが、一九七二年にニュージーランドに移住している。

とにかくバラは国際的な園芸植物である。世界各国にここでは紹介できなかった実力のある育種家や交配家が数多くいるのである。

日本のバラの育種家

バラの育種で日本は大きく遅れをとった。二〇世紀中ごろまでは、単なる輸入紹介に終わり、日本独特の園芸品種の作出には至らなかった。さらに輸入にたずさわった業者が極端な

㊻ サンショウバラ

㊼ カカヤンバラ

㊽ `マダム・ピエール・S・デュ・ポン′

㊾ `アンクル・ウォルター′

㊿ `クリムソン・グローリー′

51 `シャーロット・アームストロング′

52 `サマー・サンシャイン′

53 `ヘブンリー・ローブ（羽衣）′

54 `かがやき′

秘密主義をとり、輸入したバラに勝手な日本名をつけて発売したために、園芸品種についての知識が混乱し、正しい名称の普及も立ち遅れたことも見逃せない。こうした悪習を助長したのは、バラの愛好家自身だという人もいる。バラを愛好することは一種の特権に属することで、一般にバラの栽培が普及することを好まなかった風潮があったといわれている。さらに、新しい園芸品種の作出では、つい最近まで作出者の権利を保護するという意識も欠けていたのである。

しかし、第二次世界大戦前にバラの品種改良を試みた日本人が皆無だったわけではない。たとえば、有沢四十九郎は一九三二年ごろから新作を発表していたが、まったく顧みられず、終戦後の品種不足の時に、〈追分〉〈長良〉などが市販された程度であった。

一九五〇年代からこうした事情は少しずつ変わっていくのである。戦前からあった東京のとどろきバラ園では、一九五六年に黄色で単弁の〈天の川〉という園芸品種を発表しているが、このころから日本人の作出したバラが見直されるようになった。川合慎一や寺西菊雄などの作品にもすぐれたものが現れるようになった。一九八〇年代に入ると、京成バラ園芸は国際的にも名が知られるようになった。この京成バラ園芸における園芸品種の作出で国際的にも高い評価を得ている育種家が鈴木省三である。

鈴木省三はまたいくつものバラについての著書や写真集を出版し、園芸バラについての知識の普及に努めてきた私たちの先達である。〈ヘブンリー・ローブ（羽衣）〉（Heavenly

Robe ※二二五ページ㊸）や〈かがやき〉（Brilliant Light ※二二五ページ㊹）など、鈴木（京成バラ園芸）が発表した作品には、日本人好みの清楚さをともなうものや、欧米の育種家顔負けの大輪の品種など実に変化に富んでいる。海外に知られた数多い鈴木の作品から、ここでは〈ピナータ〉（Pinata）を紹介しよう。これは一九七八年にジャクソン・アンド・パーキンス社によってアメリカ合衆国に移入されて普及した。花はオレンジ・イエローあるいは紅潮色で芳香があり、高芯咲きで、直径八センチメートルになる。つるは高さ二メートルくらいにまで伸びるのでフェンスなどにからませて植えられる。

先に視覚は聴覚などと比べ民族間の差が小さいと書いたが、正しくは知覚したものの受け止め方というべきである。ドイツ人はフランス人の作出した園芸品種を好まぬということはないし、アメリカ人の作品もフランスで人気を博しているし、日本人の作ったバラの新作も国際的に高い評価を受けている。だが、何ごとにも例外はある。ハギが国際的な園芸植物にならないのと同様に小輪で単弁のバラを好む嗜好は欧米にはなさそうである。以前、中国雲南省の西北部の未開放地区を旅したときに、車も通れる街道にはノイバラが延々と茂っているのを見かけた。花の季節にはさぞや見事なことかと想いを馳せたが、おそらく現地の人は月季花や香水月季を愛でてもノイバラに関心を示すことはないだろう。路傍にノイバラが咲き乱れるところは日本にもある。野趣を愛でる人はいてもそれはバラの愛好家ではない。それでも日本のバラの愛好家は小輪で単弁のバラに関心を寄せることがある。単弁ではないが、モッコウバラは花は小さく、とても国際的なバラの仲間入りは無理か。こういうバラを好むのはハギのような小さな花を愛でることに通じている日本人の国民性なのかも知れない。欧米のバラ愛好家にはこうした感性はほとんど皆無なのではないかと思えてならない。

特許と登録

こうして発表される新しい園芸品種には一種の特許権が設定されていて、無断に増殖させ販売することができないように、作出者の権利が保障されている。新しい園芸品種は全米バラ協会に名称登録される。もちろん同じ名を他の品種に用いることは許されない。

バラの需要は大きい。切り花に花壇におびただしい数のバラが供給されている。しかもバラへの関心は国際的といってよい。産業としても重要なものになっているのである。

バラに寄せる関心

ルノワールやゴッホのようにバラを自らの絵画作品に描いた画家、ゲーテのようにバラに寄せる詩を残した詩人、はたまた日常の生活をバラで飾って暮らす人などなど、人々がバラに寄せる関心は異常に高い。バラは衣装の模様になり、包装紙にも用いられる。その歴史からバラには高貴なものを感じる人が多いのである。

バラはまた愛の花でもある。ボッティチェルリの『春』に描かれたバラ（ローザ・アルバ）は、愛の象徴として、この作品に重要な意味を与えている。音楽もバラと無関係ではない。リヒャルト・シュトラウスの楽劇『バラの騎士』も騎士にバラ以外の花の名前を持ち出すことを許さない。

バラはこうして西洋文化の中で、他に置き換え難い位置を与えられた植物として、人類と生存を共にしている。園芸植物の中でこれに匹敵する植物を他に見出すことはできない。日本で見るなら、バラは日本の西洋化・近代化のシンボルである。バラを自らの身辺に置いて暮らすことは、西洋化を推進した人々の理想とするところでもある。個人のレベルはむろん、公共の場でもバラは重要視されているのである。

バラ園

バラ園はバラについてのさまざまな渇望を満たす施設の第一にあげられる。バラ専門の庭園であるバラ園は多様なバラを必要とする。バラの見本園をかねたバラ園も多いが、多様なバラを一堂に集めたバラ園こそはバラ好きの人々にとって、まさにこの世のパラダイスなのである。

パリのバガテルなど著名なバラ園では新作のバラを数年試作栽培して比較する。ゴールド・メダル、シルバー・メダルといった等級のある賞を出して評価する。育種家にとってもバラ園は自作を世に問う重要な場となっている。

バラの園芸化は文化であると書いたが、そのバラを集めたバラ園は博物館や植物園と並び、その国の文化の水準を知るバロメーターの役割を果たしているといえなくもない。なぜならその維持には莫大な経費を必要とするからである。世界に誇れる博物館、植物園の存在しない日本には世界に誇れるバラ園もまだ少ない。文化国家を標榜する日本の国民としてさびしい限りである。

バラを植えた庭園の歴史はヨーロッパではローマ時代までさかのぼることができる。オリエントにも中国にも古くからバラ園はあったのだろうか。それとも庭園に他の植物と一緒にバラを植えただけなのか。中国の古い庭園の図をみると、バラは鉢植えされている場合が多い。オリエントはどうだったのか、イスラムの文献に蒙《くら》い私にはよくわからない。ヨーロッパでも古い庭園となるとわからないことが多い。それは庭園の状況を判断できるように描かれた図が少ないためといわれている。

フランクフルトのパルメンガルテン

フランクフルト・アム・マインのパルメンガルテン（ヤシ園の意味）は一八六九年に開設された植物園である。第二章でも触れたようにルネサンスは人々の植物への関心を薬草のような役に立つ植物から、有用無用にかかわらずすべての植物へと拡大した。薬草園は植物園へと発展した。やがてヨーロッパの植物とは大きく異なる熱帯の植物への関心が高まり、熱帯の植物を象徴するヤシを植えたヤシ園がヨーロッパの諸都市に競ってつくられていった。もちろんヨーロッパではヤシは戸外では育たない。ヤシ園とは、高さ二〇メートルにもなるヤシの栽培もできるような大温室を中核にした植物園なのである。

フランクフルトにあるパルメンガルテンの大温室はいまでも昔の形態を残しているが、新たにつくられた温室群の方が人目を惹く。私はパルメンガルテンをしばしば訪れる。広大な園内は散策にふさわしいし、何よりもここのバラ園はよく整っている。

パルメンガルテンのバラの家は、バラのために建てられた家である。ここにバラ園がつくられたのは一八八四年で、八〇〇平方メートルの庭内には一万株ものバラを植えていたこともあった。バラ園内にはギリシア、ローマを模した大理石の女神の彫像がいくつも置かれる。園内のベンチに座ってバラを眺めていると、ローマ人が家中をバラで飾りたてたことが思い浮かぶ。

多くのバラ園は花壇に区画を設けて、そこにバラを植え込む。アーチをつくり、バラを絡ませ、バラのトンネルをくぐり抜ける。こうした趣向はジョセフィーヌのマルメゾンの館でのバラの栽培方式をまねたものとされる。区画間の小径ではバラを身近に眺められるばかりか、その芳香も楽しむことができる。いまではどこのバラ園にもあるバラのトンネルも強靱な日本のノイバラやテリハノイバラが導入されたおかげである。

クイーン・メリー庭園

誰もが入園できるパブリック・パークにもバラ園は多い。バラ園の管理は簡単ではない。通年、人々にバラを楽しんでもらうのは並大抵のことではない。ロンドンの中心部を占めるリージェント・パークのクイーン・メリー庭園はこうしたパブリック・パークのバラ園を代表するものであろう。これは一九三二年につくられ、はじめはナショナル・ローズ・ガーデン（国立バラ園）と呼ばれたが、国王ジョージ五世の承認を得て、今日の名称へと変更されたのである。四万株のバラが植えられているが、植え込んだバラには園芸品種を記したラベルが付されているのはさすがである。

バガテル

世界で最も名高いバラ園といえば、誰もがパリのバガテル公園をあげるだろう。パリの西部のブローニュの森にあるバガテルのバラ園はおよそ二・五ヘクタールあり、園内には一五〇のバラ花壇に七〇〇〇以上のバラが植えられている。

バガテルははじめマリー・アントワネットの居城の一部だったといわれ、一九〇四年にパリ市に移管された。当時のパリの公園管理官は印象派の画家クロード・モネの知人で、モネはこのバラ園の設計に協力している。園内に植えられたバラの多くは、ジュール・グラヴロー（Jules Gravereaux）がフランスでも有数のバラ園といわれる彼自身のライ・バラ園から移したものだといわれている。その「ライ」はいまでも六〇〇〇を超す園芸品種二万五〇〇〇株をおよそ一一ヘクタールの園内に栽培している。ここでは「マルメゾンのバラ」と称されるジョセフィーヌ妃の時代に生み出された四〇近い園芸品種を保存している。バガテルは一九〇七年以来パリ市が組織する国際的なバラのコンクールの試作栽培を行っている。最優秀の作品に与えられるバガテルのゴールド・メダルは国際的に最も高い賞と評されている。

アメリカのバラ園

バラはアメリカの国花に準じる花であり、全米でバラの栽培は盛んである。アメリカに最初につくられたバラ園はコネティカット州ハートフォードにあるエリザベス・パークで、一九〇四年のことである。エリザベス・パークのバラ園はいまも存在し、八〇〇の園芸品種を含む一五〇〇株のバラが栽培されている。栽培する株数では、テキサス州の州立テイラー・バラ園がアメリカ最大のバラ園で、四〇〇の園芸品種三万株が栽培されている。オレゴン州にある国際バラ試験園でも四五〇の園芸品種一万株が栽培される。私自身はこの三つのバラ園を訪ねたことはなく、スカンニエロとバイヤールの『アメリカのバラ』(T. Bayard & S. Scanniello, *Roses of America*, 1990) から得た情報である。

ニューヨーク・ブルックリンの由緒あるクランフォード・バラ園と、ブロンクスにあるニューヨーク植物園のペイジー・ロックフェラー・バラ園は、ともに世界に名高いバラ園で、よく整った敷地には、創意に富んだバラの栽培が見られる。こうした矩形の花壇やアーチを用いた栽培ではなく、多くの野生種を含む一六五もの品種一三〇〇株が自然状態で園内に栽培されているのが、マサチューセッツ州ジャマイカ・プレーンにあるハーヴァード大学アーノルド樹木園である。ここにはかつてウィルソンらが中国から種子を入手し栽培に成功したバラが生き残っている。レーダーがバラ属についての研究を行ったのもここで、バラとの関係も深い、由緒ある樹木園である。

日本のバラ園

広島県福山市をはじめ日本でもバラを市の花とするところがある。しかし、日本では整備の行き届いたバラ園が少ない。よく知られている公立のバラ園としては東京都の日比谷公園のバラ花壇がある。群馬県前橋市の敷島公園のバラ園も名高いが、観賞する気持ちよりもいまだ日本では行政レベルでバラ園を維持することのむずかしさが伝わってくる。多様な園芸品種を収集するにはそれなりの予算も必要であり、市民の協力なしにはこうした経費は計上しにくい。バラを育む文化がなかなか定着しないのが残念である。

とはいえ、特筆したいバラ園もある。千葉県八千代市にある京成バラ園は、鉄道会社を中核とする京成グループの園芸会社が運営する私立のバラ園で、広大な園内には一六〇〇もの世界のバラの園芸品種、約一万株が植栽される。中心となるフランス式の整形式庭園にはモダーン・ローズを中心に、世界の有名な四〇〇余の園芸品種、池や小川もあるイギリス式自然風庭園には原種やオールド・ローズのバラが植えられている。また、ランブラー・ローズなどの園芸品種が絡んだ巨大なアーチなどもある。その他、多くの関連施設も併設し、日本でも有数のバラ園といってよい。

京成バラ園からも遠くない、同じ千葉県の佐倉草ぶえの丘バラ園も、二〇一五年に世界バラ会連合世界大会で優秀庭園賞を受賞しており、園内には原種やオールド・ローズを中心に一二五〇種類二五〇〇株のバラを植栽する。広い園内は、日本のバラ、中国のバラなど、地域別植栽や、ルドゥテコーナーや鈴木省三コーナーに区分され、それぞれの区分毎に比較ができる工夫がされている。両園とも今や日本が誇る世界的なバラ園となっているといっても過言ではない。

バラもどきの発達

バガテルやパルメンガルテンのように、世界各地に優劣をつけがたい立派なバラ園がたくさんある。また、数千、ときには数万ものバラを栽培している愛好家もいる。

しかし、数千ものバラを栽培できる庭を所有できる人は世界じゅうでもそう多くはあるまい。急増する人口、そして都市への集中という世界的現象のただなかに暮らさねばならぬバラ好きの人々も多いのである。せいぜい好みのバラの切り花を花屋で買ってそれを楽しむしかない場合もある。できればバラを植えたいのだがと思っても、たった一株のバラさえ満足に栽培するスペースがないというのが現実ではあるまいか。特に都市に住むバラ好きの人々にとってこれは切実な問題である。

四〇年ほど前から、ヨーロッパの都市のアパートで赤い花のゼラニウム（ペラルゴニウム）やゼニアオイがプランターに植えられ、窓下やベランダを一面に飾っているのを目にするようになった。こういうところに花や花鉢を飾る習慣はもっとずっと古くからあるのだが、最近はそれに植える植物に放射相称で八重咲きの真っ赤な花をもつ小低木が多いのである。ゼラニウムにしろゼニアオイにしろ、それらはどこにでもある比較的安価な園芸植物で、しかも丈夫で育てやすいのでずいぶんと普及している。

私はこれらはバラの代用品だと見ている。バラのような気品はないが、緑葉に真っ赤な八重咲きの花はそれなりに見栄えがする。

バラの町、バラの道

オランダ、ワーヘニンヘンの、あるホテルの向かいの一画はバラという語を冠したローゼブリック（Roosebrik）という地名だ。ここは新開地なのでこの名は住人が新たに決めたものであろう。しかし、バラで町じゅうが埋め尽くされているというものではなく、単にバラという名前をつけたに過ぎないようだ。日本のどこかに、バラが丘という地名もあるかも知れない。

しかし、ローズ・タウンと呼ぶのにふさわしいバラの町が現実にあるのかどうか私は知らない。ヨーロッパやアメリカでもそのような町に出会ったことはない。しかしバラ街道なら記載がある。ベルギーのナミュール県のハーヴュランジェからクヴィエに至る、シャルルマーニュ道路である。〈シャルルマーニュ〉（Charlemagne）とはローザ・ガリカの園芸品種のひとつで、このバラを道路の両側に植えようという計画があるという。

ワーヘニンヘンにはハマナスの園芸品種を植えたハマナス道路がある。北海道でもこうした植え込みをみるが、花の季節もさることながら、肌寒さを覚えるころに実るハマナスの真紅の果実もすばらしい。

特にヨーロッパではどの国・地域でもバラを植えている家をみる。だが新興住宅地の一〇メートル四方ほどの庭の中でのバラの佇まいはきわめて悪い。それでもなおバラを植えてみたいという願望を捨てきれなかったのだろう。

バラの園芸化の未来

ゼラニウムやゼニアオイのようなバラもどきの植物は小さくて、鉢栽培には手頃だ。八重咲きのダリアは羽状の葉とともに、バラに似ている。しかしバラそのものだって、鉢植えに向くような矮性化は不可能ではない。日本にはヤクシマイバラという矮性バラがまれにだがかなり古くから栽培されている。

だが欧米では矮性のバラはこれまで一般には好まれていなかった。それはバラのイメージに合わないためだろうか。それがミニアチュア・ローズの登場ですっかり変わった。たとえばパルメンガルテンのバラ園では高さ三〇センチメートルほどのミニアチュア・ローズの園芸品種を花壇式に植えている。まるでサルヴィアなどの草本のような趣きだが、バラの花は大振りでひきたつ。今後ミニアチュア・ローズのような矮性の園芸品種がますます増えるにちがいない。こうしたグラウンドカバーという、地面を一面に被うことを目的とした園芸植物にバラを用いるという発想は、バラ園芸に開かれた新しい方向である。

さて、バラについてこれまでさまざまな角度から展望し、園芸植物としての将来性にもそれなりにふれてきたつもりである。その中で繰り返し園芸化を推し進める原動力、それは文化であると私は主張してきた。文化活動の中にバラを位置づけることが可能なうちは、バラの園芸化には未来が開けているといえるであろう。ある植物の園芸化を発達させるのは、必要な技術の獲得が第一にあるが、いくら技術的裏付けがあっても園芸化は進展しない。これから人類が直面するであろう未知との遭遇の場面に、バラを位置づけること、それにバラの将来はかかっている。

あとがき

バラについて書いた一冊を新書にという依頼を受けたのは、一九九〇年であった。資料も集まっていたのでお引き受けしたが、なかなか進行しないまま四年が過ぎてしまった。その後も年齢相応の職務をこなすだけで精いっぱいであったが、幸い一九九五年の夏と秋にオランダのワーヘニンヘンとドイツのボンで学会があり、前後一〇日ほどをワーヘニンヘンに滞在することができたので、ようやく本書の前半と後半の骨子を書くことができた。その後半分も結局、パリやリヤドなど旅先で書く始末であった。バラについて書きながら、バラを求めて町中を散歩したこともあった。どの町でもバラは生活に深くかかわっており、バラ園もあり、いろいろと考えさせられることも多かった。

本書ではバラの今日を知る手がかりとして、その園芸化の歴史、バラの植物学、園芸化のための資源でもありかつてはそれ自体が観賞の対象ともなった野生のバラ、バラに与えられたイメージや願望、バラの未来などについて書いた。ほかにも今日の著名な園芸品種、新園芸品種作出の最前線の様子なども書いてみたかったが、それは筆者の力量を超えた。

本書は、野生種も園芸品種も含めバラという植物についてこれまでにたくさんのバラ学者が述べた見解を筆者なりの見方にたって筋立ててしてまとめたものである。多くの論文と著書を利用し、それらからの引用も多いが、誤謬がないことを願わずにはいられない。

バラの園芸化の歴史ではハースト説に多くを負っている。彼の見解のすべてが正しいと考えてそうしたのではない。他の注目するに足る諸説は、いずれもハースト説を基本に発展的あるいは批判的に提出されていると考えられるからである。そこで本書では、原典ともいうべきハースト説をまず提示すべきであると考え、これを基礎にすえた。

本書を書くに当たって多くの方々の助力を得たことを記しておきたい。なかでもバラについての面白さ、問題の所在を手ほどきしてくださったのは、籾山泰一先生である。九〇歳を超え、いまもお元気な先生に真っ先に本書をお読みいただきたく思っている。旅先での殴り書きの草稿を整理してくださったのは岡田美知子さんである。緑川謙二、滝沢糸子、秋山忍さんは原稿と校正刷りを読み、適切な助言をしてくださった。本書に挿入した標本からの正確な野生バラの図を描いてくださったのは、日本では数少ない植物画家の中島睦子さんである。この場を借りて皆様に心からお礼申し上げたい。最後になったが、本書を担当された中央公論社の松室徹氏には筆者の感謝の気持ちを表す適切な言葉が見出せない。彼の寛容と理解、そしてアドバイスなしには本書は生まれなかった。

一九九七年九月

大場秀章

学術文庫版あとがき

中公新書に『バラの誕生　技術と文化の高貴なる結合』を書いたのは、今から四半世紀以上も前の一九九七年だった。当時も現在と変わらずバラは多くの愛好者に恵まれ、バラ園だけでなく、植物園などで開催される特別展やコンクールなどにも足を運ぶファンも少なくなかった。こうした熱心なバラの愛好家に向けて、バラの園芸の歴史を辿り、世界、そして日本に野生するバラを概観し、さらに過去と現在の園芸バラの名品の紹介を試みたのが上記の『バラの誕生』だった。

今読み直してみると刊行後の二五年の歳月を感じずにはいられない。多くの花は二五年が過ぎようと植物そのものに大きな変化はない。しかし、バラは最も人々に愛される植物であり、花であるがゆえに、次々に新しい栽培品種が作出されるなど、世相の影響を受け易い植物といえるだろう。

さらに、同書が出版された後、アジアを中心にバラの野生種についての知見が大幅に増加し、バラの多様性を一段と克明に捉えることができるようになった。そのため、読み返してみると、中国の野生バラなどの記述のかなりの部分に物足りなさを感じてしまう。また刊行後にバラの育種技術は、遺伝子の操作などでめざましい進展を遂げた。パンジーやペチュニアなどの花から取り出した青い花を生む遺伝子をバラに導入し、従来は不可能を意味した「青いバラ」さえ作出に成功した。現段階ではまだ遺伝子操作などの技術を駆使して作出されたバラが、私たちの抱く従来からのバラのイメージをまったく覆すものとはなっていないとはいえ、遺伝子操作技術は今後さらなる発展も期待され、色彩だけでなく、従来のバラから想像だにしなかった姿に変わる可能性さえ秘めているといえよう。

その出現を夢見た青いバラの登場は、従来にない新たなるバラの登場に一層の期待を寄せる声を生んだ一方で、本書で紹介したような、青いバラなぞ存在しなかった時代の、旧来のバラに一層の愛着を抱く愛好家が増したのも事実である。

そもそも多様な園芸バラは、多くの野生種を交配して誕生した、それ自体多分に人工の産物なのだが、パンジーなどの遺伝子とは異なり、もともとバラの仲間に具《そな》わっていた遺伝子同士によるかけ合わせだという違いがある。つまり身内である他のバラ種からの遺伝子導入は許容できるが、バラ属というバラの仲間を超えた植物の遺伝子の導入は許容の範囲を超える、と受け止められているのだ。その越えられない一線こそがバラを愛好する人たちの矜持といえるのかも知れない。

本書では旧版に従って野生種をかけ合わせるなどして人工的に作出したバラであるcultivarを、『園芸植物大事典』（塚本洋太郎総監修／編　小学館　一九八八年）の用語解説にしたがって、園芸品種と表記したが、最近の傾向としてはこれに栽培品種の語が用いられることが多いことを指摘しておきたい。

私のバラへの愛好心は変わることなく今に続くが、年齢と共に他のことに割かれる時間が増え、バラに関する研究書や作出された新しい栽培品種の情報を収集する時間が大きく減じてしまった。そのため、本書では旧版以降に登場した、魅力的な栽培品種の若干を追加するなどしたが、多くは紹介できなかった。記してお詫びしたい。とはいえ、今回の文庫化というせっかくの機会を得て、旧本よりバラの写真数を大幅に増やし、可能なものはカラーでの掲載にも取り組んだ。文章と共に、その姿形も観賞いただければ幸いである。

なお、本書に再録した野生バラの画は、ライデン（オランダ）の植物標本館を中心に多数の植物画を作成された中島睦子さんが、本書の旧版のために描いてくださった作品である。いずれの画作も、高度な技術を要する「おしば標本」から描かれたものである。さらに、旧版から今日までの四半世紀間に生じたバラ園芸の進歩や、栽培植物の国際規約の変更などに対応した修正などに尽力してくださったのは講談社学芸部の原田美和子さんである。ここに記して改めてお二人の貢献に謝意を表したい。

二〇二三年六月

大場秀章

- 花は単生し、苞葉はない。まれに数花つき、苞葉がある。
  - 小葉は5–9枚またはそれ以上。長さ1–4㎝。花は白色または黄色。
    ピンピネリフォリア節
    Sect. Pimpinellifoliae
  - 小葉は3–5枚、長さ1–6㎝。花は淡紅色または紅色まれに白色。
    ガリカ節　Sect. Gallicanae
- 花は散房状につき、単生のときも苞葉がある。小葉は5–11枚。
  - 茎には強い曲がった刺があり、ときに腺状の刺毛を混じえる。外側の萼裂片は羽状に裂ける。
    イヌバラ節　Sect. Caninae
  - 茎には針のような細い刺がある。葉柄基部の刺も細い。
    - 萼裂片は花後反転する。果実は萼筒内の基底にのみ着生する。
      カロリナ節
      Sect. Carolinae
    - 萼裂片は花後反転しない。果実は萼筒内の基底から側壁にかけてつく。
      バラ節〈ハマナス節〉
      Sect. Rosa

- 花柱は癒着し柱状で、雄しべとほぼ同じ高さになる。
  ノイバラ節
  Sect. Synstylae
- 花柱は分離し、雄しべの長さの約半分。
  コウシンバラ節
  Sect. Indicae

- 花は散房花序につき、淡黄色または白色。托葉には鋸歯がない。モッコウバラ節
  Sect. Banksianae
- 花は大きく単生し、白色。托葉には鋸歯がある。
  ナニワイバラ節
  Sect. Laevigatae

バラ属の分類体系

- バラ属 *Rosa*
  - 葉は単葉。托葉がない。花は黄色。花弁の基部が紅茶黒色になる。フルテミア亜属 Subgen. Hulthemia
  - 葉は羽状複葉、托葉がある。バラ亜属 Subgen. Rosa
    - 萼筒は壺状、無毛または刺毛がある。果実は萼筒内の基底から側壁にかけてつくか、基底につく。
      - 托葉は葉柄に沿着する。
        - 花柱は萼筒の喉部に集まってわずかに抽出する。 —
        - 花柱は萼筒の喉部から著しく抽出する。 —
      - 托葉は基部以外は葉柄と遊離し、早落性。
        - 新しい小枝は無毛。小葉は3–5枚。 —
        - 新しい小枝には綿毛がある。小葉は7–9枚。托葉は羽状に細裂する。花は1–3個つき、基部に苞葉がある。カカヤンバラ節 Sect. Bracteatae
    - 萼筒は杯状で全面に著しい刺がある。果実は萼筒内の基底のみにつく。小葉は長さ 2.5 ㎝に達しない。
      - 小葉は花をつけた枝で7–15枚。果実は萼筒基底のわずかな高まりの上につく。サンショウバラ亜属 Subgen. Platyrhodon
      - 小葉は花をつけた枝で 3–7 枚。果実は萼筒基底の円錐形の高まりの上につく。ヘスペロードス亜属 Subgen. Hesperhodos

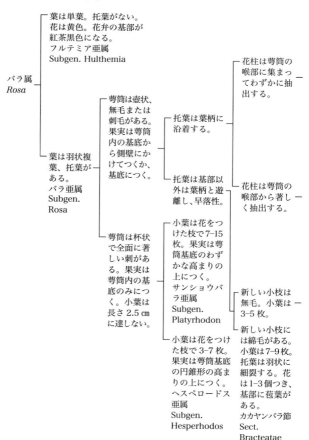

【ヤ】

【ラ】

【ハ】

【サ】

植物名索引
（五十音順、太数字は詳細に記述した箇所）

KODANSHA

本書は『バラの誕生　技術と文化の高貴なる結合』（中公新書　一九九七年一一月刊行）を改題、修正加筆、写真を加えたものです。
なお、挿入した写真の名称説明で、栽培品種は、名称を〝〟で括り、表示しました。

植物画　中嶋睦子
写真　『「ばらだより」増刊号　２００６年』日本のバラ・東洋のバラ　特集号』（（財）日本ばら会２００６年）：p６上
鈴木省三『ばら花図譜　国際版』（小学館　一九九六年）：p65②、⑤、⑥、p１２５⑳、㉓、p１６６㉛、p２２５㊿
Peter Beales *Classic roses* Henry Holt and Company,New York,1997：p72⑩、⑮
講談社写真部：図22、p65⑦、⑧、p１２５㉑、p２２５53
『ボタニックガーデン』https://www.botanic.jp/index.htm：p21b、p65①
著者：p6下、p１２５㉑、p１９６、p２００、p２２５㊻
Wikimedia Commons

大場秀章（おおば　ひであき）

1943年東京都生まれ。植物学者。東京大学名誉教授，東京大学総合研究博物館特招研究員。専門は植物分類学，植物文化史。理学博士。著書に『秘境・崑崙を行く―極限の植物を求めて―』『森を読む』『植物学と植物画』『ヒマラヤを越えた花々』『はじめての植物学』『大場秀章著作選Ⅰ　植物学史・植物文化史』，編書に『日本植物研究の歴史―小石川植物園三〇〇年の歩み―』など多数。

講談社学術文庫

定価はカバーに表示してあります。

バラの世界《せかい》

大場秀章《おおばひであき》

2023年6月8日　第1刷発行

発行者　鈴木章一

発行所　株式会社講談社

東京都文京区音羽 2-12-21 〒112-8001

電話　編集（03）5395-3512

販売（03）5395-4415

業務（03）5395-3615

装　幀　蟹江征治

印　刷　株式会社広済堂ネクスト

製　本　株式会社国宝社

本文データ制作　講談社デジタル製作

ISBN978-4-06-532388-5

「講談社学術文庫」の刊行に当たって

これは、学術をポケットに入れることをモットーとして生まれた文庫である。学術は少年の心を養い、成年の心を満たす。その学術がポケットにはいる形で、万人のものになることは、生涯教育をうたう現代の理想である。

こうした考え方は、学術を巨大な城のように見る世間の常識に反するかもしれない。また、一部の人たちからは、学術の権威をおとすものと非難されるかもしれない。しかし、それはいずれも学術の新しい在り方を解しないものといわざるをえない。

学術は、まず魔術への挑戦から始まった。やがて、いわゆる常識をつぎつぎに改めていった。学術の権威は、幾百年、幾千年にわたる、苦しい戦いの成果である。こうしてきずきあげられた城が、一見して近づきがたいものにうつるのは、そのためである。しかし、学術の権威を、その形の上だけで判断してはならない。その生成のあとをかえりみれば、その根は常に人々の生活の中にあった。学術が大きな力たりうるのはそのためであって、生活をはなれた学術は、どこにもない。

開かれた社会といわれる現代にとって、これはまったく自明である。生活と学術との間に、もし距離があるとすれば、何をおいてもこれを埋めねばならない。もしこの距離が形の上の迷信からきているとすれば、その迷信をうち破らねばならぬ。

学術文庫は、内外の迷信を打破し、学術のために新しい天地をひらく意図をもって生まれた。文庫という小さい形と、学術という壮大な城とが、完全に両立するためには、なおいくらかの時を必要とするであろう。しかし、学術をポケットにした社会が、人間の生活にとってより豊かな社会であることは、たしかである。そうした社会の実現のために、文庫の世界に新しいジャンルを加えることができれば幸いである。

一九七六年六月

野間省一